Le développement de l'enfant au quotidien

au quotidien

De 0 à 6 ans

2e édition

Collection du CHU Sainte-Justine
pour les parents

Le développement de l'enfant au quotidien

De 0 à 6 ans

2e édition

Francine Ferland

Éditions du
CHU Sainte-Justine

Catalogage avant publication de Bibliothèque et Archives nationales du Québec et Bibliothèque et Archives Canada

Ferland, Francine, 1947-

   Le développement de l'enfant au quotidien : de 0 à 6 ans
   2e édition.
   (Collection du CHU Sainte-Justine pour les parents)
   Comprend des références bibliographiques.
   ISBN 978-2-89619-687-6

   1. Enfants - Développement. 2. Activité motrice chez l'enfant. 3. Socialisation. 4. Enfants - Psychologie. I. Titre. II. Collection : Collection du CHU Sainte-Justine pour les parents.

HQ767.9.F47 2014   305.231   C2014-941247-9

Illustration de la couverture : Frédéric Normandin
Conception graphique : Nicole Tétreault

Diffusion-Distribution au Québec : Prologue inc.
                    en France : CEDIF (diffusion) – Daudin (distribution)
                    en Belgique et au Luxembourg : SDL Caravelle
                    en Suisse : Servidis S.A.

Éditions du CHU Sainte-Justine
3175, chemin de la Côte-Sainte-Catherine
Montréal (Québec) H3T 1C5
Téléphone : (514) 345-4671
Télécopieur : (514) 345-4631
www.editions-chu-sainte-justine.org

Dépôt légal : Bibliothèque et Archives nationales du Québec, 2014
              Bibliothèque et Archives Canada, 2014

ASSOCIATION
NATIONALE
DES ÉDITEURS
DE LIVRES

Membre de l'Association nationale des éditeurs de livres

*À Sébastien, Jean-Philippe, Gabriel, Maude, Florence
et Camélia qui, tour à tour, m'ont fait redécouvrir
le charme de cette période de la vie.*

REMERCIEMENTS

Merci

... à Maurice, mon compagnon de vie depuis tant d'années. Merci pour ton soutien indéfectible.

... à Marise Labrecque, directrice des Éditions du CHU Sainte-Justine. Merci pour ta patience et ta disponibilité.

... à Marie-Ève Lefebvre, éditrice. Merci pour ton efficacité lors de la correction du manuscrit.

... à tous les parents et à toutes les éducatrices des centres de la petite enfance qui m'ont fait des commentaires à propos de la première édition. Votre avis est précieux : vous êtes les personnes les plus importantes dans la vie des enfants.

... à tous les enfants. Merci d'être là : vous êtes une source intarissable d'inspiration, d'émerveillement et de découvertes.

TABLE DES MATIÈRES

PROLOGUE

Un bébé, c'est…
un magicien qui transforme un couple en famille,
un être humain en soif d'amour,
un esprit qui ne demande qu'à découvrir le monde,
un petit être qui commence sa grande aventure humaine.

Un enfant, c'est…
le plus souvent une source d'émerveillement pour les parents,
parfois un réactionnaire qui les fait sortir de leurs gonds,
un bâtisseur de l'avenir,
un grand maître de vie.

Des parents, ce sont…
d'anciens enfants qui ont parfois oublié ce qu'est l'enfance,
des apprentis qui découvrent au jour le jour leur rôle de parents,
des sceptiques qui se demandent souvent s'ils agissent bien,
des guides, des sources d'amour, des modèles,
et, surtout, les personnes les plus importantes dans la vie de leur enfant.

AVANT-PROPOS

La première édition de cet ouvrage, publiée en 2004, a été bien accueillie par les parents et les professionnels qui œuvrent auprès de l'enfant, tant au Québec que dans les pays francophones européens. L'intérêt pour le sujet a même dépassé les frontières de la Francophonie puisque cet ouvrage a été traduit en polonais, en portugais et en roumain.

De nombreuses rencontres avec des parents et des éducateurs des centres de la petite enfance ont permis de valider la pertinence et l'utilité du matériel présenté. Cette deuxième édition fait une mise à jour des notions déjà abordées et en ajoute plusieurs autres, dont le rôle particulier du père, la compréhension de la mort, le stress et les terreurs nocturnes.

Les parents qui souhaitent suivre le développement de leurs enfants pendant la période scolaire auront la possibilité de le faire en consultant la publication qui fait suite à celle-ci et qui concerne les enfants de 6 à 12 ans[1].

Bonne lecture !

---

1. Francine FERLAND. *Le développement de l'enfant au quotidien. De 6 à 12 ans.* Montréal : Éditions du CHU Sainte-Justine. [à paraître]

INTRODUCTION

Prendre un enfant par la main
Pour l'emmener vers demain
Pour lui donner la confiance en son pas
Prendre un enfant pour un roi
Prendre un enfant dans ses bras
Et pour la première fois
Sécher ses larmes en étouffant de joie
Prendre un enfant dans ses bras.

Yves Duteil

Vivre la naissance d'un enfant est notre chance la plus
accessible de saisir le sens du mot miracle.

Paul Carvel

Quelle fascinante aventure que le développement d'un être humain ! Ce bébé naissant, qui ne peut tenir sa tête droite, saura bientôt marcher comme un grand. Aujourd'hui, il ne peut utiliser ses mains, mais dans quelque temps, il pourra découper du papier et crayonner. Aujourd'hui, il ignore tout du monde ; demain, il arrivera à le comprendre. Par quelles étapes doit-il passer pour parvenir à toutes ces prouesses ? Comment s'effectuent ces acquisitions ? C'est à cette découverte du monde dans le quotidien de l'enfant que vous convie cet ouvrage.

L'objectif est de vous permettre, à vous qui vivez étroitement avec l'enfant, soit à titre de parents, soit à titre d'éducateurs de la petite enfance, de suivre son développement au jour le jour, de mieux comprendre les étapes qu'il traverse pour arriver à maîtriser différentes tâches, d'apprécier l'évolution de ses habiletés et d'entrevoir ce qui suivra. Pour ce faire, le présent ouvrage met l'accent sur la séquence de développement et les étapes successives que traverse l'enfant, plutôt que sur les âges spécifiques d'acquisition des habiletés (dont il sera tout de même question). Vous saurez ainsi vous relier à l'enfant de façon adéquate, en ayant à son endroit des attentes réalistes et en lui offrant des activités appropriées : vous aurez plus de plaisir à partager son quotidien.

Ce livre s'intéresse aux diverses sphères de développement. Il aborde donc l'enfant dans sa globalité et, par le fait même, rend compte de la complexité de sa progression. Bien sûr, il faudrait plusieurs volumes pour cerner complètement ce vaste sujet, en incluant entre autres les nombreuses théories qui s'y rapportent. Ici, c'est plutôt l'enfant dans ses gestes quotidiens et dans ses activités courantes qui est ciblé pour illustrer l'ensemble de son développement. Cet ouvrage privilégie donc une approche pratique, qui s'appuie toutefois sur les dernières connaissances scientifiques dans le domaine.

Chacun des premiers chapitres présente une sphère précise du développement (sensorielle, motrice, langagière, cognitive, affective, sociale) et en retrace la séquence, tel qu'elle peut être observée dans le quotidien. Pour vous permettre d'accompagner concrètement l'enfant dans son développement, des activités applicables dans la vie de tous les jours vous sont proposées à la fin de chaque chapitre. Elles ne requièrent aucun jouet sophistiqué : certaines se pratiquent avec des objets usuels qu'on retrouve dans toutes les maisons tandis que d'autres n'exigent aucun matériel.

Par ailleurs, comme tout adulte qui partage la vie d'un enfant est également curieux de savoir à quel âge celui-ci est susceptible de faire telle ou telle chose, chacun des chapitres se termine par un tableau synthèse répondant à cet intérêt fort légitime[1]. Précisons toutefois que ces grilles n'indiquent pas un âge précis pour chaque habileté, mais plutôt un ensemble d'acquis susceptibles d'être réalisés entre tel et tel âge.

Le développement de l'enfant ne se fait pas en pièces détachées, mais bien dans toutes les sphères en même temps. Pour s'en convaincre, il suffit d'observer l'enfant qui pratique une activité, quelle qu'elle soit, ce que nous ferons au chapitre 9. Les activités quotidiennes, comme l'habillage, l'alimentation et les soins personnels, font aussi appel à des habiletés puisées dans les diverses sphères.

Par ailleurs, en jouant, l'enfant révèle ses multiples habiletés. Activité primordiale durant l'enfance, le jeu stimule tout autant qu'il sollicite les différentes facettes du développement. Enfin, quelques mises en situation générales concernant les multiples aspects de l'évolution de l'enfant indiqueront aux parents inquiets s'il est pertinent ou non de consulter un professionnel de la santé.

Cet ouvrage peut être lu du début à la fin, comme l'histoire de vie d'un enfant ; il peut aussi constituer une source de références pour l'adulte qui s'interroge sur un aspect ou l'autre du développement, à un moment ou l'autre de celui-ci.

En observant au jour le jour l'enfant qui s'éveille à son entourage, qui acquiert de nouvelles habiletés et qui exprime son individualité, l'adulte devient le témoin privilégié de cette aventure extraordinaire d'un être humain en développement.

---

1. Un tableau regroupant par tranches d'âge toutes les sphères de développement peut être consulté et téléchargé à l'adresse Internet suivante :

www.editions-chu-sainte-justine.org/media/livre/document/114_developpement_tableaux.pdf [consulté le 28 juin 2014]

CHAPITRE 1

La grande aventure du développement de l'enfant

... l'enfance a ses vertus. Elle nous sert à construire les fondations de nos rêves et de nos vies. C'est dans cette mémoire que tu viendras puiser tes forces, fouiller tes colères, entretenir tes passions, et bien souvent repousser les frontières de tes peurs, et de tes limites.

Marc Lévy

Nous pouvons beaucoup apprendre des enfants, par exemple jusqu'où va notre patience.

Franklin P. Jones

Le développement d'un enfant est passionnant à observer. Dans quelques années, ce bébé naissant se retrouvera sur les bancs de l'école primaire. D'ici là, que de découvertes à faire, que de choses à apprendre, et en un si court laps de temps ! Avant de commencer l'école, l'enfant doit savoir s'habiller, se nourrir, aller seul aux toilettes, se laver les mains. Il doit aussi apprendre certains préalables scolaires, comme le nom des couleurs et des formes, ainsi que les termes reliés au temps et à l'espace. Il doit savoir utiliser certains outils, comme un crayon et des ciseaux, et être capable de suivre des consignes. Avant de quitter le nid familial, il doit aussi avoir développé suffisamment de confiance en lui pour se relier aux autres et aborder avec assurance le monde scolaire.

Mais comment se fait le développement d'un enfant ? Comment celui-ci parvient-il à acquérir toutes les habiletés qui lui seront nécessaires à l'école et dans la vie ? Voyons d'abord quelques principes de base qui régissent l'évolution de l'enfant.

Quelques principes de développement

Le développement suit un ordre prévisible

Dans des conditions normales, la séquence de développement est la même pour tous les enfants ; il est donc possible de la prévoir. Par exemple, tout enfant apprend à tenir la position assise avant d'être capable de se mettre debout. De même, l'enfant découvre les propriétés des objets (tel objet est dur, tel autre est rond) avant de savoir les utiliser. Le fait de connaître la séquence de ses habiletés permet d'apprécier le développement de l'enfant dans ses plus petites acquisitions et d'entrevoir celles à venir.

Le développement se fait de façon logique, passant du simple au complexe

L'ordre que suit le développement de l'enfant passe du simple au complexe. Par exemple, avant de faire des phrases, l'enfant communique avec un seul mot. Il découpe sur une ligne droite avant de suivre le contour d'une forme géométrique. Ce principe du simple au complexe semble évident, mais parfois, en tant qu'adultes, nous ne reconnaissons pas les phases préalables à chaque nouvelle habileté et nous proposons à l'enfant des activités qui lui demandent de sauter des étapes.

Le développement est cumulatif

Chez l'enfant, toute nouvelle habileté s'ajoute aux précédentes et peut être appliquée à divers contextes. Ainsi, le fait de diriger une cuillère à sa bouche s'ajoute à l'habileté première de la saisir. Cette capacité à saisir les objets et à les diriger vers un point précis sera mise à profit, par exemple, pour se brosser les dents ou se coiffer.

Tout enfant se développe à son propre rythme

Malgré la prévisibilité des étapes de développement, chaque enfant les franchit à son rythme. Globalement, l'un se développe plus rapidement, l'autre plus lentement, et cela témoigne de l'individualité de chacun.

D'une sphère à l'autre du développement, on peut aussi noter des différences entre les enfants : celui-ci commence à marcher plus tôt que celui-là, mais ce dernier dit ses premiers mots plus jeune que le premier. Dans une famille de deux enfants, il est facile de remarquer ces différences de rythme. Évitons de les interpréter comme un indice selon lequel l'enfant serait plus ou moins intelligent qu'un autre. En fait, il ne s'agit que d'une manifestation de son caractère unique.

Tout enfant présente des préférences et des caractéristiques individuelles qui se reflètent dans son comportement

Le caractère unique de l'enfant se manifeste non seulement dans son rythme de développement, mais aussi dans ses préférences : l'un adore entendre de la musique, l'autre préfère les livres d'images et un autre, enfin, privilégie tout ce qui lui permet de bouger. Chacun a également des caractéristiques personnelles, notamment ses réactions à la nouveauté (nouvel aliment, nouvelle personne, nouveau lieu), son niveau d'activité et l'intensité de ses réactions. Cela témoigne du tempérament de l'enfant, dont il sera question au chapitre 7.

Ce caractère unique de l'enfant rend l'expérience de développement tout aussi unique ; en suivant des étapes communes à tous, chaque enfant y apporte sa couleur personnelle. C'est pourquoi l'arrivée d'un nouvel enfant dans une famille signifie toujours le début d'une nouvelle aventure, et non la répétition de ce qui s'est passé avec l'aîné.

Le développement de l'enfant n'est pas linéaire

À un certain stade, l'enfant peut sembler ne rien apprendre de nouveau, et ensuite avancer à un rythme accéléré. Les progrès ne sont donc pas continus : ils s'effectuent en dents de scie. De plus, si l'enfant porte son énergie sur un aspect précis de son développement, les autres sphères connaissent souvent une évolution plus lente : par exemple, s'il s'intéresse particulièrement aux mots, il risque fort de ne pas démontrer de nouvelles habiletés sur le plan moteur.

Ce qui influence le développement de l'enfant

Qu'est-ce qui influence le plus le développement de l'enfant : son bagage génétique ou son environnement ? Pendant plusieurs décennies, les scientifiques ont exprimé à ce sujet des points de vue fort divergents. De nos jours, on considère que le développement de l'enfant est influencé par ces deux facteurs. Comme le mentionne le Dr J. Fraser Mustard : « Nous savons maintenant que le milieu joue un rôle tout aussi essentiel que le bagage génétique dont hérite un enfant […] et que les soins prodigués durant cette période ont des répercussions importantes sur l'apprentissage à l'école et sur la santé physique et mentale tout au long de la vie[1]. »

D'une part, grâce à son bagage génétique, au bon état de son cerveau et à la maturation progressive de son système nerveux, l'enfant acquiert des habiletés de plus en plus complexes. À titre d'exemple, avec le temps, il passe d'une préhension malhabile d'un objet à pleine main à une préhension précise de petits objets entre le pouce et

---

1. J. Fraser MUSTARD, « Développement du cerveau dans la petite enfance et développement humain ». Site *Encyclopédie sur le développement des jeunes enfants* : www.enfant-encyclopedie.com/pages/PDF/MustardFRxp.pdf [Consulté le 20 mai 2014].

l'index. De même, une plus grande maturité physiologique lui permet de maîtriser ses sphincters et de devenir propre.

D'autre part, la manière dont l'entourage de l'enfant réagit à ses actes et les expériences qu'il lui offre contribuent aussi à son développement. Si l'on observait deux enfants du même âge à l'heure des repas, l'un occidental, l'autre oriental, le premier nous montrerait son habileté à utiliser une fourchette, tandis que le second nous surprendrait par son aisance à manier les baguettes, témoignant des expériences différentes offertes par leur environnement. De même, un enfant peut avoir toutes les structures anatomiques lui permettant d'articuler des sons et des mots, mais si personne de son entourage ne lui parle, le développement de son langage en sera retardé.

Un autre exemple de situation qu'on observe très fréquemment de nos jours concerne les retournements de l'enfant sur lui-même, passant du ventre au dos. Compte tenu des craintes associées au syndrome de mort subite, on tarde à mettre les bébés sur le ventre en période d'éveil. Par conséquent, on constate que les bébés d'aujourd'hui se retournent plus tard que ceux nés il y a quelques décennies, non pas que leur système nerveux soit moins mature, mais les expériences pertinentes au développement de cette habileté motrice offerte par l'entourage surviennent plus tardivement.

Au cours des dernières décennies, un nouveau concept a tenté d'expliquer pourquoi certains enfants, dans des conditions identiques, se développent mieux ou moins bien que d'autres. Il s'agit du concept de *résilience*. La résilience fait référence à la capacité de l'enfant à vivre et à se développer positivement et de manière socialement acceptable même s'il subit de grandes épreuves (décès des parents, situation de guerre, maladie...). Boris Cyrulnik[2], qui a abondamment écrit sur le sujet, précise que le processus de résilience se met en place avant l'acquisition du langage.

---

2. B. CYRULKIK. *Un merveilleux malheur.* Paris : Odile Jacob, 2002.

Pour développer cette capacité, l'enfant doit donc recevoir de l'affection durant cette période pour accumuler, en quelque sorte, des réserves d'amour dans lesquelles il puisera pour faire face aux épreuves. Ultérieurement, lors de situations éprouvantes, l'enfant tirera aussi avantage à rencontrer des « tuteurs de développement », comme les appelle Cyrulnik, c'est-à-dire des personnes qui le soutiennent et qui contribuent à contrer sa vulnérabilité momentanée. Cette capacité de résilience de l'enfant explique pourquoi, en temps de guerre par exemple, certains enfants se développent sans trop de problèmes alors que d'autres sont marqués pour la vie.

En résumé, on peut considérer que la situation idéale pour que le développement d'un enfant se passe le mieux possible est la suivante : que l'enfant soit en bonne santé, qu'il ait un système nerveux intact et qu'il vive dans un milieu affectueux et stimulant. Il a alors de bonnes chances de se développer harmonieusement.

L'environnement doit également répondre aux besoins de l'enfant.

Les besoins de base de l'enfant

Quels sont ces besoins qui, comme leur appellation l'indique, sont à la base du développement de l'enfant ?

D'abord, l'enfant a des *besoins physiques*. Il doit dormir suffisamment, être adéquatement nourri et régulièrement lavé. La satisfaction de ces besoins contribue à la croissance de l'enfant et à son bien-être. Il a aussi besoin d'être protégé des dangers pour éviter les accidents et les blessures. Il faut le protéger des dangers réels sans toutefois le surprotéger. Sinon, on agit davantage en fonction de ses propres inquiétudes que des vrais besoins de l'enfant.

L'enfant a également des *besoins affectifs*, qui sont tout aussi importants : il a besoin d'être aimé de ses parents, de sentir qu'il est important pour eux et qu'ils sont là pour lui. Les parents étant la première source d'amour pour l'enfant, ils constituent la base de sa sécurité affective. L'enfant apprend à faire confiance parce que s'il pleure, ses parents s'occupent de lui, s'il a faim, ils lui donnent à manger, s'il a des craintes et des peurs, ils le rassurent. Se sentant aimé et entouré, l'enfant crée des liens de confiance avec les siens; il se perçoit digne d'amour et développe son estime de soi. Avoir un environnement aimant, un encadrement chaleureux, se faire dire et répéter par ses parents qu'ils l'aiment et en avoir la preuve par de petits gestes tendres, tout cela contribue à satisfaire les besoins affectifs de l'enfant et l'aide à développer une confiance de base qui l'accompagnera sa vie durant.

Il est un autre besoin qu'on oublie parfois quand on pense à l'enfant, c'est celui d'*être respecté*. En effet, tout enfant a aussi besoin qu'on respecte les sentiments qu'il éprouve, son rythme d'apprentissage, ses goûts et ses intérêts (souvent différents de ceux de ses frères et sœurs au même âge), ses capacités (aussi différentes de celles des autres enfants) et enfin sa personnalité, qui lui confère son caractère unique. Tous les enfants sont distincts et doivent être respectés dans leur individualité. Les comparaisons avec les autres qui font mieux ou plus rapidement n'apportent rien à l'enfant sinon un sentiment de dévalorisation.

Sur le plan intellectuel, l'enfant a besoin d'*être guidé et stimulé* dans la découverte du monde qui l'entoure. Il a besoin d'être accompagné pour apprendre comment son corps et les objets fonctionnent, et pour comprendre les réactions de son entourage à ses actions et à ses comportements. Un environnement qui suscite l'intérêt et la curiosité de l'enfant stimule son désir de connaître et d'apprendre. Il faut toutefois éviter l'excès: trop de stimulation est aussi néfaste que pas assez.

Enfin, sur le plan social, il a besoin de *personnes à côtoyer*: il doit établir des liens avec les autres, vivre avec ses semblables, être en contact avec des enfants ; ceux-ci lui servent de modèles et de motivateurs, et ils contribuent à lui montrer les règles qui régissent les rapports avec les autres.

Ces divers besoins sont communs à tous les enfants et c'est le rôle des parents de les combler. Si l'enfant se sent aimé, respecté, guidé et stimulé, il découvre le plaisir de croquer dans la vie à belles dents. Il découvre la joie de vivre.

Être parents : un métier exaltant, mais difficile

Un petit être auquel un couple donne la vie fait naître une famille. Le rôle de parents est exigeant et complexe. Malheureusement, un bébé ne vient pas au monde avec un manuel d'instructions. S'il existait un livre expliquant comment agir en tant que parents et précisant le mode d'emploi pour chaque situation, ce rôle en serait grandement facilité. Mais être parents n'est pas une science exacte : c'est un art qu'on découvre jour après jour et qui se pratique quotidiennement.

Comment être de bons parents ? Selon Bruno Bettelheim[3], psychanalyste américain, il vaut mieux pour l'enfant avoir d'« assez bons » parents que des parents qui veulent être parfaits. Les parents qui visent la perfection scrutent chacun de leurs gestes à la loupe pour s'assurer de bien agir ; ils sont anxieux d'éviter les attitudes potentiellement nocives pour leur enfant. Ils considèrent l'éducation comme l'application d'une technique précise, accordant plus d'attention à ce qu'ils font qu'aux liens qu'ils créent avec l'enfant. Pourtant, l'art d'être parent repose davantage sur la qualité de cette relation que sur ce qu'on fait pour ou avec l'enfant[4]. Si les parents visent à être non pas des parents parfaits, mais de bons parents, ils s'accordent le droit à l'erreur, le droit d'être humains.

---

3. Bruno BETTELHEIM. *Pour être des parents acceptables.* Paris : Hachette Littérature, 1998.
4. T. B. BRAZELTON. *La naissance d'une famille ou comment se tissent les liens.* Paris : Éditions du Seuil, 2009.

Certains parents choisissent de suivre des règles précises dans l'éducation de leur enfant : quand l'enfant pleure, il va dans sa chambre ; quand il refuse de manger sa viande, il est privé de dessert. Une règle s'applique ainsi pour chaque comportement. Ce faisant, on n'a pas à réfléchir à chacune des situations. Pourtant, mieux vaut ne pas avoir une confiance aveugle en de telles règles, qui sont fondées sur des généralisations et qui négligent ce qui est unique chez l'enfant et dans la relation que ses parents entretiennent avec lui. Si on applique de façon mécanique une solution trouvée dans un livre ou si on adopte une suggestion qui nous a été faite sans l'adapter à la situation en cause, cette solution risque d'être non seulement insatisfaisante pour soi et pour son enfant, mais également inefficace.

Rappelons-le : l'enfant est unique et les parents le sont tout autant. Il ne saurait donc exister une méthode d'éducation universelle et adéquate pour tous.

La tâche la plus importante qui incombe aux parents consiste à se mettre dans la peau de l'enfant pour savoir ce qu'il ressent et, à partir de là, de se comporter de la façon la plus bénéfique pour lui et pour eux[5]. Ils établissent alors une relation personnalisée avec leur enfant et ils renforcent leur sentiment de compétence en tant que parents. « Être un parent compétent, c'est être en mouvement perpétuel pour le devenir et ne jamais croire y être arrivé pour de bon[6]. »

Prendre plaisir à accompagner l'enfant et non tenter d'accélérer son développement

Face au développement de leur enfant, beaucoup de parents sont en quête d'un rendement maximal. Ils souhaitent qu'il fasse très tôt divers apprentissages, ce qui, à leurs yeux, témoigne de leurs compétences parentales. Que leur enfant

---

5. Bruno Bettelheim. *Op. cit.*

6. Danielle Laporte. *Être parent, une affaire de cœur.* Montréal : Éditions du CHU Sainte-Justine, 1999.

fasse tout avant les autres les conforte dans l'idée qu'ils sont de meilleurs parents. Si certaines habiletés arrivent un peu après les autres, ils s'inquiètent. Peut-être l'enfant a-t-il un retard de développement, peut-être ne lui ont-ils pas offert ce qu'il lui fallait ? L'anxiété parentale concernant la performance de l'enfant est fréquente et découle, entre autres, de la valeur que plusieurs d'entre eux, et la société en général, accordent à la réussite et à l'excellence.

Dans cette perspective, certains parents tiennent en haute estime les milieux de garde qui ciblent les apprentissages comme priorité et tentent d'envoyer le plus tôt possible leur enfant à l'école. Toutefois, comme l'indique un avis de l'Association québécoise des CPE (centres de la petite enfance) publié en février 2013, la fréquentation scolaire précoce « n'a pas d'effet déterminant sur la performance scolaire des élèves. Les conclusions de la dernière enquête du Programme international pour le suivi des acquis des élèves (PISA) sur les résultats des enfants de 15 ans en sciences, en lecture et en mathématiques démontrent bien cette absence de corrélation. D'ailleurs, les élèves québécois s'y situent bien au-dessus de la moyenne des pays membres de l'Organisation de coopération et de développement économique (OCDE), non loin de la Finlande où la scolarisation débute à sept ans. Ces observations démontrent donc clairement qu'il n'est pas nécessaire de scolariser tôt pour soutenir le développement optimal de l'enfant et sa réussite scolaire[7]. »

Les parents anxieux qui misent sur la précocité des acquis mettent beaucoup de pression sur leur enfant, ce qui provoque souvent un stress important chez ce dernier, phénomène dont il sera question au chapitre 7. Pourquoi ne pas lui laisser faire ses apprentissages quand il est prêt ? Oui, il est possible d'enseigner à un jeune enfant des habiletés étonnantes ; certains reportages nous ont fait voir des enfants de 2 ou 3 ans

---

7. Avis de l'Association québécoise des CPE, février 2013 : www.aqcpe.com/wp-content/uploads/2013/02/Une-réponse-adaptée-aux-besoins-des-4-ans-Avis_Fév-2013_FINAL-Public1.pdf [Consulté le 20 mai 2014].

qui reconnaissaient des peintures de grands maîtres ou qui faisaient des exercices surprenants aux barres parallèles. Mais en quoi ces exploits précoces rendent-ils ces enfants plus heureux et favorisent-ils un développement harmonieux ?

Pourquoi ne pas troquer la quête de la performance pour la quête du plaisir que l'enfant prend à découvrir son environnement et à développer ses habiletés à son rythme ? Au lieu de vouloir faire de l'enfant un super-génie en avance sur tous les autres, si on s'intéressait à son bien-être, on rechercherait son plaisir et on l'accompagnerait au quotidien dans ses découvertes. Et il est à parier que les parents en bénéficieraient autant que l'enfant lui-même ; ils seraient plus détendus, plus enjoués et plus aptes à éprouver du plaisir avec leur enfant. En voulant pousser l'enfant à aller plus vite et plus loin, on nie son droit à vivre pleinement son enfance.

Une autre tendance de notre société consiste à valoriser des activités structurées dans lesquelles on considère que l'enfant apprend des choses utiles. Dès son âge le plus tendre, il est inscrit à des cours ou participe à des activités organisées. Ne jouissant d'aucun temps libre, il ne peut décider par lui-même de ce qu'il veut faire. On planifie ses journées et son horaire dans les moindres détails. Et on s'étonne qu'il ne sache pas à quoi s'occuper si, par hasard, il a une heure de libre. D'une certaine façon, on a tout fait pour le garder dépendant de l'adulte qui régit tout son temps. Laissons-lui donc le temps d'être un enfant.

Les chapitres suivants suggèrent des activités pour accompagner l'enfant dans l'évolution de ses acquis. Il faut voir ces suggestions comme des idées amusantes de jeu à faire avec lui quand, et seulement quand, on en a le temps et l'envie. En aucune façon, ces activités ne visent à accélérer le développement de l'enfant ou à organiser ses apprentissages de façon systématique. Elles visent plutôt à favoriser une interaction agréable avec lui et à stimuler toutes les sphères de son développement.

Pour un développement harmonieux

Pour progresser harmonieusement, l'enfant doit acquérir des habiletés dans les différentes sphères de son développement. Ses capacités motrices lui permettent de bouger et de manipuler les objets. Grâce à ses habiletés cognitives, il développe sa pensée et sa compréhension de l'environnement. Le langage lui apprend à comprendre les autres et à communiquer avec eux. Sa compétence affective lui procure la confiance nécessaire pour accroître son autonomie et son estime de soi, alors que ses habiletés sociales l'aident à se relier aux autres.

L'enfant a autant besoin de bouger que d'entendre parler, de se faire rassurer que d'avoir des contacts avec d'autres enfants. Certains parents privilégient parfois une sphère du développement au détriment d'une autre : par exemple, s'ils souhaitent que leur enfant aime les livres et qu'il parle tôt, ils peuvent négliger son besoin de se dépenser physiquement qui pourrait s'exprimer en courant, en grimpant ou en jouant au ballon. Parfois, c'est l'enfant lui-même qui manifeste des préférences pour un seul type d'activités ; il revient alors aux parents de susciter son intérêt pour une variété d'activités.

Pour savoir si les habiletés se développent à un âge approprié et si l'enfant évolue harmonieusement, on se réfère le plus souvent aux âges de développement.

Que signifient les âges de développement ?

La plupart des livres portant sur le développement de l'enfant mettent l'accent sur les âges d'acquisition des diverses habiletés. Doit-on s'inquiéter si l'enfant dépasse ces âges et se féliciter s'il les devance ? Ni l'un ni l'autre. Ces âges viennent de l'évaluation de nombreux enfants et ils représentent les moyennes obtenues ; autrement dit, l'ensemble des enfants se distribue de part et d'autre de ces moyennes et la majorité d'entre eux se situent à l'âge retenu. Ainsi, bien que l'âge moyen pour la marche soit de 12 mois, l'enfant qui marche à 10 mois ou à 14 mois se situe tout autant dans la norme. Ne devrait-on pas d'ailleurs parler d'âge moyen plutôt que d'âge normal? Nous l'avons vu, chaque enfant se développe à son rythme, ce qui joue sur l'acquisition de ses habiletés, sans pour autant en faire un enfant surdoué ou déficient.

Courbe normale de développement - Âge de la marche

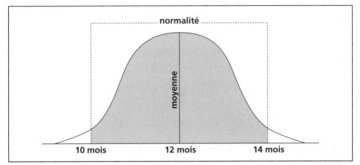

Il faut aussi comprendre ce que signifient précisément les habiletés associées à ces âges de développement. Quand on lit que l'enfant tient la position assise à 6 mois, cela veut dire qu'il peut garder cette position quelques minutes; toutefois, il le fera en étant incliné vers l'avant, le dos affaissé. S'il étend un bras de côté, il tombera parce qu'à cet âge, les réactions de protection de côté ne sont pas encore développées. Dans le même sens, s'il est écrit qu'à tel âge, l'enfant peut s'habiller seul, il faut savoir si cela signifie mettre une pièce de vêtement seul ou enfiler tous ses vêtements, boutonner tant à l'avant qu'à l'arrière, lacer ses souliers, faire un nœud, une boucle, remonter une fermeture éclair. Ces diverses habiletés sont très différentes les unes des autres et n'apparaissent pas au même âge. Voilà pourquoi, d'un livre à l'autre, les âges de développement peuvent varier: ils réfèrent à des habiletés qui ne sont pas tout à fait les mêmes, malgré une appellation commune.

Il est intéressant de consulter ces références à l'âge, mais seulement à titre indicatif; il faut éviter de s'y fier aveuglément et d'entretenir des inquiétudes non justifiées dès que l'enfant dépasse le chiffre *magique*. Pour suivre l'évolution de l'enfant, il est plus utile et intéressant de connaître la séquence du développement, c'est-à-dire les étapes qu'il franchit successivement. Comprendre la séquence de développement permet de reconnaître les signes précurseurs d'une habileté, d'en suivre l'évolution et de s'émerveiller du génie humain. On apprécie alors ce que l'enfant fait au jour le jour, on évite de toujours vivre dans le futur, dans l'attente de ce qui viendra dans une semaine, un mois ou un an. Tant et aussi longtemps que l'enfant évolue et qu'il suit la séquence attendue, il n'y a aucune raison de s'inquiéter, même s'il dépasse l'âge moyen pour telle habileté (pour plus de détails, voir le chapitre 10). Mais qu'en est-il de son comportement?

Un enfant normal, est-ce un enfant sans aucun problème de comportement?

Malheureusement pour les parents, l'enfant normal n'est pas l'enfant idéal; l'enfant idéal n'existe pas, pas plus d'ailleurs que le parent idéal. La vie avec un enfant est remplie d'imprévus qui pimentent le quotidien et parmi lesquels se retrouvent des problèmes de comportement normaux et propres à chaque âge. En effet, tout enfant est susceptible, à un moment ou à un autre de son développement, d'avoir des peurs, de faire des cauchemars[8], de faire preuve d'une hypersensibilité ou d'une réserve excessive. La colère est aussi une manifestation chez beaucoup d'enfants de 2 à 4 ans qui expriment ainsi leur frustration, leur agressivité de façon physique. Au moment où se développe le besoin d'indépendance et d'affirmation de soi, l'enfant peut adopter

---

8. Voir la vidéo du Dr Hubert d'Assignies, psychiatre de l'enfance et de l'adolescence, sur la peur du noir et les cauchemars chez l'enfant: www.youtube.com/watch?v=l7znqKzAjh8 [Consulté le 20 mai 2014].

un comportement d'opposition, comme en témoigne l'apparition du « non ».

Ces comportements diminuent tous avec l'âge : il faut donc éviter d'en surestimer l'importance. Ils sont passagers et n'ont rien de pathologique. Chaque âge apporte des comportements avec lesquels il faut apprendre à composer, même s'ils sont temporairement perturbateurs.

L'enfant, un bon observateur et un grand imitateur

Ses parents, des modèles

L'enfant est aux premières loges pour observer quotidiennement les personnes qui l'influencent le plus et qui lui servent de modèles : ses parents. En observant leur comportement, tant à son égard que dans le quotidien, l'enfant enregistre de nombreux messages. Très observateur, il note facilement toute incohérence entre ce que disent ses parents et ce qu'ils font, et il retient plus facilement leurs agissements comme modèle à suivre que les grands principes qu'ils énoncent. Pourquoi l'enfant devrait-il manger des brocolis si papa ou maman n'en mange jamais ?

Si la moutarde monte au nez de l'un des parents à la moindre contrariété, il y a de fortes chances que l'enfant pique aussi de fréquentes crises de colère... comme son parent : il n'a pas devant lui un modèle de contrôle de ses émotions ni un modèle de patience et de tolérance. Dans le même sens, si les parents s'emportent quand leur enfant est en colère, celui-ci comprendra qu'ils ne sont pas contents, mais aussi qu'il est normal et tout à fait acceptable de se fâcher puisque même papa et maman le font régulièrement.

De plus, par la relation qu'ils entretiennent entre eux, les parents proposent à l'enfant un modèle sur la façon de parler à l'autre et de l'écouter, de lui démontrer son affection, de discuter de points de divergence et de régler des différends. Si la relation entre les parents s'inscrit dans un climat de respect et d'écoute, l'enfant apprendra les avantages de la négociation, du compromis et d'une saine discussion, et il essaiera de reproduire ce modèle dans ses propres relations avec les autres.

Par ailleurs, certains échanges entre les parents devraient se faire en privé, notamment ceux qui concernent les problèmes personnels de l'un ou l'autre, les difficultés touchant leur couple ou les différends liés à l'éducation de l'enfant. Et attention au téléphone! Vous croyez discuter en toute intimité avec un ami ou un proche, mais l'enfant a l'ouïe fine.

Dans un autre registre, si les parents ne respectent pas le Code de la route, négligeant, par exemple, de faire les arrêts obligatoires lors d'une randonnée à bicyclette avec l'enfant, il serait étonnant qu'ils réussissent à le convaincre de le faire, quelques années plus tard, quand il sera en mesure d'aller seul à vélo. De même, la valeur d'honnêteté n'aura aucun sens pour l'enfant si ses parents l'incitent à mentir sur son âge pour obtenir un rabais dans un restaurant ou s'ils conservent de l'argent trouvé dans un lieu public sans faire d'effort pour en retrouver le propriétaire. L'enfant aura tout autant de mal à intégrer la notion d'acceptation inconditionnelle des autres, quelles que soient leur race, leur religion ou leur langue si, dans la famille, il est monnaie courante de faire des blagues sur ces sujets. Il développe son sens moral en essayant de ressembler aux adultes qu'il admire, et les adultes qu'il admire le plus sont ses parents.

Que dire du langage? Certains parents sont surpris d'entendre leur jeune enfant utiliser certaines expressions et ils se demandent qui a bien pu les lui apprendre. Et si c'étaient les parents eux-mêmes qui les utilisent quotidiennement sans se rendre compte qu'à côté d'eux, de jeunes oreilles enregistrent tout?

Le meilleur moyen pour transmettre des valeurs à nos enfants, c'est de prêcher par l'exemple et d'être attentif à ce que notre comportement véhicule comme message. Comme le dit un proverbe chinois : « Quand on suit quelqu'un de bon, on apprend à devenir bon : quand on suit un tigre, on apprend à mordre. » Et il est bien de ne pas appliquer à l'éducation le proverbe : « Fais ce que je dis, ne fais pas ce que je fais. » Cela ne fonctionne pas avec un enfant.

Les médias, autre source d'influence ?

Comme l'enfant a de grandes capacités d'observation et d'imitation, on peut penser que la présence intensive des médias (télévision, films, etc.) l'influence aussi dans sa vie quotidienne. Si ce que regarde l'enfant n'est pas supervisé par les parents ou si la télévision reste constamment ouverte, alors on peut craindre que celui-ci voie des scènes que son jeune esprit ne peut comprendre et qui peuvent alimenter ses cauchemars et ses angoisses. Il peut craindre que la guerre, les explosions, les tueries, bref la violence qu'il voit au journal télévisé, se produisent aussi dans sa vie. Par ailleurs, comme avant l'âge de 4 ans, l'enfant a du mal à faire la différence entre la fiction et la réalité, il pourrait être tenté de reproduire dans la réalité certains comportements de ses héros vus dans des films ou à la télévision.

En étant exposé régulièrement à des actes violents à la télé, l'enfant peut en venir à les considérer de plus en plus comme des actes banals, voire normaux. Il s'agit en quelque sorte d'une désensibilisation, d'une banalisation de la violence. Par ailleurs, dans de nombreux films ou émissions de télé, on présente les personnages violents comme des modèles, comme les héros de l'histoire, ce qui n'aide pas l'enfant à comprendre qu'un comportement violent est répréhensible.

Une étude américaine a démontré que les enfants qui écoutaient plus de deux heures de télévision par jour depuis l'âge de 2 ans et demi étaient plus à risque d'avoir des problèmes de comportement (tels que des problèmes de sommeil, d'attention et d'agressivité) que les autres à l'âge de 5 ans et demi[9]. Toutefois, si on réduisait ce temps d'écoute, l'effet pouvait être réversible et le risque, disparaître.

Saviez-vous que...

Pour l'enfant de moins de 2 ans, les écrans ne sont pas recommandés. Pour l'enfant de 2 à 4 ans, la Société canadienne de pédiatrie conseille de limiter le temps passé devant la télévision ou l'ordinateur à moins d'une heure par jour, pour des périodes de 15 minutes à la fois. Pour les enfants de 5 à 11 ans et les adolescents, le temps d'écran ne devrait pas dépasser 2 heures par jour ; la réduction de cette durée d'exposition s'associe à des bienfaits supplémentaires sur la santé[10].

L'American Academy of Pediatrics (APP), pour sa part, recommande de limiter à 2 heures par jour le temps passé devant la télévision pour les enfants de plus de 2 ans. C'est cette norme qui a été utilisée dans l'étude mentionnée ci-après.

Une récente étude québécoise[11] dirigée par Linda Pagani, chercheuse au Centre de recherche du CHU Sainte-Justine, va dans le même sens. Menée auprès de 2 000 enfants, elle a démontré que chaque heure d'écoute quotidienne de télévision au-delà des normes recommandées (voir l'encadré ci-dessus) à l'âge de 29 mois est associée, au niveau préscolaire, à une diminution du vocabulaire, des compétences en mathématiques, des habiletés physiques, à une faible participation en classe et à la victimisation par les pairs.

---

9.   K.B. MISTRY, C.S. MINKOVITZ *et al.* « Children's Television Exposure and Behavioral and Social Outcomes at 5.5 Years; Does Time of Exposure Matter? » *Pediatrics*, 2007, 120, 4:762-769.

10. S. LIPNOWSKI, C.M.A. LEBLANC. « Healthy Active Living: Physical Activity Guidelines for Children and Adolescents ». *Paediatr Child Health* 2012 17(2):209-210.

11. L'écoute de la télévision au-delà des limites recommandées compromet les chances des enfants au préscolaire. Voir www.nouvelles.umontreal. ca/recherche/sciences-de-leducation/20130812-lecoute-de-la-television-au-dela-des-limites-recommandees-compromet-les-chances-des-enfants-au-prescolaire.html, publié le 12 août 2013. [Consulté le 20 mai 2014].

Bien sûr, les émissions de télévision et les vidéos ᴅᴇꜱᴛᴉᴎ spécifiquement aux enfants de plus de 2 ans peuvent leur apporter une ouverture sur le monde, un univers différent du leur, rempli d'expériences et d'images nouvelles. Il est cependant sage d'exercer un contrôle sur l'accès aux émissions de télévision et aux films, ainsi que sur le temps que l'enfant y consacre.

Et les milieux de garde ?

Quel est l'impact des services de garde (crèches) sur le développement des enfants ? La fréquentation d'une garderie offre de nombreuses occasions à l'enfant de pratiquer diverses habiletés et de le faire avec des personnes nouvelles (adultes et enfants) qui ne réagissent pas toujours de la même façon que les membres de sa famille. Par leurs réactions au comportement de l'enfant, les autres enfants lui servent en quelque sorte de miroir. L'enfant apprend à adapter son comportement pour être accepté d'eux. En ce sens, la garderie permet à l'enfant d'élargir son répertoire d'expériences et de développer des compétences diversifiées.

Mais qu'en dit la recherche ? Un rapport synthèse[12] préparé par le Regroupement des centres de la petite enfance du Québec conclut que la fréquentation d'un service de garde est généralement bénéfique pour le développement cognitif, langagier, affectif, socio-émotionnel et moteur des enfants, mais à certaines conditions. La qualité des services doit être élevée : on pense ici à l'organisation des lieux, aux activités offertes et aux interactions entre le personnel et les enfants, de même qu'entre les enfants eux-mêmes. La structure contribue aussi à des résultats positifs, que ce soit le ratio adulte-enfants, la taille des groupes, la formation initiale et le perfectionnement du personnel éducateur. Ce

---

12. N. Bigras, L. Lemay. « Petite enfance, services de garde éducatifs et développement des enfants. États des connaissances » www.rcpeqc.org/files/file/BigrasLemay_Atelier.pdf [consulté le 20 mai 2014].

n'est donc pas la fréquentation de la garderie en soi qui fait la différence, mais bien la qualité des services qu'elle offre.

Ayant eu l'occasion de vivre avec d'autres enfants loin de ses parents, l'enfant qui fréquente la garderie connaît-il une transition plus facile vers la maternelle? Une étude[13] s'est intéressée à la question. Les résultats confirment que l'enfant ayant eu l'expérience de la garderie vit moins d'anxiété à l'entrée à la maternelle. Il s'y ajuste mieux; il est moins porté à s'isoler ou à vouloir éviter l'école. Toutefois, la qualité de la relation à l'enseignant s'est révélée un facteur déterminant pour une intégration harmonieuse de l'enfant à la maternelle. Ainsi, tant à la garderie qu'à la maternelle, l'éducateur et l'enseignant jouent un rôle prépondérant pour en faire une expérience positive pour l'enfant.

Toutefois, c'est d'abord au sein de sa famille que l'enfant développe ses premières habiletés et ses premiers liens avec les autres; l'influence du milieu de garde n'est que complémentaire à celle du milieu familial.

Observer l'enfant au quotidien

Dans les prochains chapitres, nous suivrons l'enfant au quotidien dans les différentes sphères de son développement. Regarder évoluer un enfant et l'observer dans ses activités quotidiennes permettent de découvrir ses champs d'intérêt, ses habiletés et ses difficultés, et de comprendre ses réactions. Observer son enfant, c'est donc se donner le moyen de mieux le connaître.

Une fine observation de l'enfant en activité permet aussi de découvrir la somme impressionnante de renseignements qu'il retire de la moindre expérience. Pour en prendre conscience, suivez le regard de votre enfant de

---

13. M. JACQUES et R. DESLANDES. *Recherche sur l'entrée en maternelle menée en 2001-2002*. Centre de recherche et d'intervention sur la réussite scolaire (CRIRES).

2 ans lors d'une promenade et arrêtez-vous à ce qui retient son attention. Grâce à lui, vous remarquerez cette fissure dans le trottoir, cette feuille qui a glissé sur le gazon, ce champignon qui pousse près de la clôture ou ce papier qui s'est faufilé sous le perron. De la sorte, il vous indiquera tout ce qu'il découvre à partir d'une activité en apparence toute simple.

Prendre le temps d'observer l'enfant, c'est aussi se permettre de vivre pleinement chaque journée qui passe. L'enfant vit dans le temps présent et l'adulte, qui est si souvent pressé et tourné vers le lendemain, peut profiter de l'heureuse influence de l'enfant pour redécouvrir la richesse du moment présent et en jouir pleinement avec lui.

Accompagner un enfant dans son développement au quotidien, c'est redécouvrir le monde par ses yeux, c'est redécouvrir l'enfance et le plaisir, c'est redécouvrir la vie au jour le jour.

Avant d'aborder les différentes sphères de développement, voici quelques suggestions qui peuvent vous aider à assumer votre rôle parental :

 ▶ Prendre l'habitude de fermer le téléviseur en dehors des heures d'écoute permises et, surtout, pendant les repas. Profiter de ces moments pour communiquer en famille, pour partager vos impressions sur la journée écoulée ;

 ▶ Utiliser l'humour pour dédramatiser les bévues de votre enfant (et les vôtres), pour relativiser ses échecs, pour détendre l'atmosphère ;

 ▶ Porter attention à ne pas surcharger l'horaire de votre enfant. Il doit avoir du temps libre pour jouer, pour apprendre à s'organiser, à faire des choix ;

 ▶ Le rendre curieux de son environnement en attirant son attention sur les bruits environnants, les objets et les personnes.

CHAPITRE 2

À la découverte de son corps et de son environnement

*Presque tous les enfants sont des poètes,
c'est-à-dire qu'ils ont souvent un sens assez profond
du mystère; ils sont comme des étrangers qui arrivent
dans un pays où ils n'avaient jamais mis les pieds, et ils
regardent autour d'eux avec beaucoup d'étonnement.
Le but de l'éducation est de faire peu à peu disparaître
cet étonnement en expliquant à l'enfant le sens de ce qui
l'étonne. Et peu à peu il grandit et se sent tout à fait chez
lui dans un monde où plus rien ne peut l'étonner.
Et c'est ainsi que meurent les poètes.*

Julien Green

*Si tu ne sais pas quoi faire de tes mains,
transforme-les en caresses.*

Jacques Salomé

Dès les premiers jours, le bébé observe activement son environnement. Ses sens sont autant d'ouvertures sur le monde et, grâce à eux, il emmagasine une somme impressionnante de renseignements. Les soins qu'on lui prodigue, les contacts qu'on établit avec lui et le décor qui l'entoure lui apportent de l'information qui est acheminée à son cerveau. Celui-ci l'organise et l'interprète. Cette interprétation des sensations constitue la base du développement de sa perception. La perception est l'interprétation du monde qui nous entoure par le biais de nos sens.

Précisons que les sensations sont objectives alors que la perception est subjective. Par exemple, une musique entendue à la radio atteint un nombre de décibels qui est mesurable et objectif, mais certaines personnes la perçoivent plus forte que d'autres. De même, une température de 30 degrés sera perçue différemment par deux personnes, l'une la trouvant tout à fait confortable et l'autre, difficile à supporter.

Au fil des mois et des années, à partir des objets qu'il voit, touche et manipule, l'enfant développe graduellement sa perception des grandeurs, des couleurs, des poids et des textures. En entendant différents sons, il développe sa perception auditive, reconnaissant à quoi et à qui associer les mots, les voix, les bruits. Les sensations enregistrées par son corps le renseignent sur les différentes parties qui le constituent et contribuent au développement de son schéma corporel ainsi qu'à l'efficacité de ses déplacements.

Ainsi, en intégrant tous les renseignements recueillis par ses sens à propos de son corps, des objets, de l'espace et des personnes, l'enfant développe peu à peu sa perception de lui-même et de son environnement, jetant les bases nécessaires pour comprendre le monde qui l'entoure et pour agir efficacement. Dans un premier temps, voyons ce que chacun des sens apporte comme information au bébé et identifions les capacités sensorielles dont il dispose au cours des premiers mois de sa vie. Nous aborderons ensuite le développement de la perception de l'enfant.

Les sens

Chaque parcelle d'information que le bébé reçoit par le toucher, l'ouïe, la vue, le goût, l'odorat ainsi que par son corps en mouvement lui apporte une stimulation qui contribue au développement de son cerveau. Ces diverses sensations nourrissent ce dernier, tout comme les aliments nourrissent le corps.

Chacun des sens participe, à sa façon, au développement de l'enfant et tous travaillent de concert. Ainsi, pour découvrir un objet, l'enfant met à profit aussi bien son toucher et sa vision que son audition et parfois même son odorat. Il en enregistre la texture par le toucher, la forme par la vue, il en reconnaît le bruit par l'ouïe et l'odeur, le cas échéant, par l'odorat. L'information fournie par chacun des sens est enregistrée et associée à l'objet, ce qui permet à l'enfant d'acquérir une connaissance sensorielle complète de celui-ci. La perception du monde environnant n'est possible que par l'interaction des différents sens.

Il y a quelques années à peine, on ne soupçonnait pas l'étendue des capacités sensorielles du nourrisson. Grâce à des techniques d'observation plus poussées, il a été possible de faire l'inventaire de ces habiletés.

Le toucher

Le toucher est le sens le plus mature à la naissance : il permet au bébé de réagir à la chaleur, au froid, à la pression ou à la douleur et contribue ainsi à sa sécurité physique. Lorsque l'enfant enregistre des sensations désagréables ou douloureuses, il réagit par des pleurs particuliers qui alertent l'adulte ; si l'eau du bain lui semble un peu trop chaude, il le fait savoir par ce type de pleurs afin que l'adulte apporte rapidement les correctifs nécessaires.

Le système tactile concourt également au sentiment de sécurité affective de l'enfant. Quand on prend le bébé dans ses bras avec chaleur et amour, la sensation tactile qu'il enregistre alors génère chez lui un sentiment de réconfort. Les caresses, les massages, les câlins et les « bisous » expriment notre tendresse à son égard, lui indiquent qu'on l'aime et lui procurent un sentiment de bien-être.

De plus, le toucher permet au bébé de découvrir progressivement son corps. À sa naissance, il ne connaît ni son corps ni les limites de celui-ci. En étant touché et en touchant lui-même des objets et des personnes, l'enfant enregistre des messages venant des différentes parties de son corps. Ainsi, quand ses orteils touchent aux barreaux de son lit, la sensation enregistrée est acheminée à son cerveau et celui-ci l'informe que ces petites choses qui bougent au pied du lit lui appartiennent et font partie de son corps. En portant son poing à sa bouche et en prenant conscience des sensations qui y sont associées, il se rend compte que cette main fait partie de lui. Ces stimulations tactiles permettent donc au bébé de prendre conscience de son corps. Il en est de même des stimulations vestibulaires dont nous parlerons plus loin.

En touchant ce qui l'entoure, l'enfant découvre aussi le monde des textures : il se rend compte de la différence qu'il y a entre toucher la barbe de papa et la peau de maman. En prenant les objets dans ses mains, il reçoit aussi de l'information sur leur poids et sur leur forme. Sans le sens du toucher, l'enfant entrerait en contact avec les objets comme s'il portait des gants ; l'information serait incomplète et les manipulations, moins précises.

L'information tactile est transmise au cerveau par la peau. Un bébé en couche déposé sur un tapis enregistre des renseignements par ses mains, mais aussi par chaque parcelle de son corps en contact avec le sol. Sa bouche lui fournit aussi des données tactiles : l'enfant qui porte un objet à sa bouche en explore la texture et la résistance.

En bref ···

Le **système tactile** permet au jeune enfant d'entrer en contact avec les autres et avec les objets, de développer un sentiment de sécurité, de prendre conscience de son corps et d'enregistrer les caractéristiques des objets.

L'ouïe

Le monde sonore apporte de nombreux renseignements sur l'environnement et l'audition permet à l'enfant d'accéder à ce monde. Même si l'ouïe est complètement mature à la fin du premier mois[1], l'interprétation des sons exige du temps et de l'expérience.

Toutefois, très tôt, le nouveau-né reconnaît les personnes grâce à son audition. Dès la naissance, il peut distinguer la voix de sa mère de celle d'une autre femme (mais non celle de son père de celle d'un autre homme) et il préfère la voix de sa mère parce qu'elle lui est familière en raison de son séjour dans l'utérus. Les études démontrent également qu'il sait distinguer les sons de sa langue maternelle de ceux des autres langues.

Au bout de quelques mois, en période d'éveil, le bébé tente de localiser la source des sons. Quand il entend sa mère entrer dans sa chambre, il tourne la tête dans sa direction. À mesure qu'il vieillit, il apprend non seulement à identifier l'origine des bruits (sonnette de la porte, réveille-matin, sonnerie du téléphone), mais aussi à les différencier et à les associer aux objets correspondants ainsi qu'au contexte. Parfois, certains bruits, comme ceux de l'aspirateur ou de la chasse d'eau, provoquent d'abord des réactions de surprise ou de peur, mais l'enfant cesse graduellement de les craindre parce qu'il les reconnaît. Cette dernière habileté lui apporte un sentiment de sécurité. C'est également parce qu'il entend ses parents dans la pièce d'à côté alors qu'il est couché dans son lit qu'il se sent en sécurité, même s'il ne les voit pas.

L'audition permet aussi à l'enfant d'être attentif aux différentes voix et à ce qu'elles transmettent. À partir du volume et du ton de la voix, le bébé décode le sentiment exprimé. L'expression qu'il voit sur le visage de la personne

---

1. Voir www.babycenter.ca/developpement-de-bebe-il-voit [Consulté le 20 mai 2014].

qui lui parle (donc sa vision) y contribue également. Même s'il ne connaît pas les mots utilisés, il comprend très tôt qu'il est rare qu'on dise son amour en criant ou qu'on gronde quelqu'un en murmurant.

De plus, le volume des sons ou des bruits le renseigne graduellement sur les distances. L'intensité des bruits lui permet de savoir si la voiture passe près de la maison ou beaucoup plus loin, si sa mère est dans la pièce voisine ou à l'étage.

En bref

Grâce à son **ouïe**, l'enfant localise l'origine des sons, évalue les distances et se familiarise avec les bruits ambiants, ce qui lui procure un sentiment de sécurité. Il perçoit également la tonalité affective d'un message et développe un intérêt pour les mots et les voix qu'il entend.

La vue

La vue met le bébé en contact avec tout ce qui l'entoure. À la naissance, elle est limitée à environ 20 centimètres, soit la distance entre lui et le visage de sa mère quand elle lui donne le sein. La vision est alors floue, car à ce stade, ce sens est le moins développé. L'enfant peut toutefois regarder sa mère dans les yeux et reconnaître très tôt son visage. Il peut également suivre du regard un objet qu'on déplace doucement devant lui, à la condition qu'il soit attirant par son intensité lumineuse, son mouvement ou son contraste. De fait, au cours du premier mois, le bébé est particuliè-rement attiré par les contrastes : il manifeste plus d'intérêt pour une forme géométrique au large pourtour noir tracée sur un carton blanc que pour un objet de couleur vive. Graduellement, il en vient à bien percevoir les couleurs.

Avec le temps, son champ de vision s'élargit et sa capacité à fixer un objet et à faire converger ses deux yeux sur un point se développe. Dès lors, le bébé perçoit davantage les mouvements et le relief des objets. Si, auparavant, il louchait à l'occasion, indiquant un manque de coordination des yeux, avec les mois qui passent, il peut ajuster sa vision à différentes distances, permettant ainsi un plus grand accès visuel aux objets. Vers 6 mois, il sait associer les voix aux visages, combinant alors ses habiletés auditives et visuelles.

Tout comme le toucher, le regard est un important moyen de communication. Le bébé s'intéresse très tôt au visage humain : il regarde intensément les yeux de la personne qui s'occupe de lui. Selon l'expression qu'il voit sur le visage de ses parents (en plus du volume et du ton de la voix), il décode le contenu affectif du message sans avoir besoin de comprendre les mots prononcés. Ils sourient ? Ils sont de bonne humeur. Ils froncent les sourcils ? Ils doivent être fâchés ou préoccupés. D'ailleurs, certaines études considèrent que 80 % du contenu affectif d'une conversation repose sur le non-verbal, donc sur l'expression du visage, et sur les gestes qui l'accompagnent. Ainsi, tant sa vision que son audition permettent à l'enfant de comprendre le contexte affectif d'une situation. Ne dit-on pas que les bébés ressentent notre état émotif ? Ils y parviennent par leurs sens.

L'enfant communique aussi avec les autres par son regard. En dépit de l'absence de mots, on comprend ce qu'il souhaite, ce qu'il craint et ce qu'il n'aime pas en regardant où il pose les yeux. On peut aussi lui parler par le regard ; les amoureux ont depuis longtemps compris et adopté ce mode de communication très efficace, les yeux dans les yeux.

Tout comme le toucher, la vision contribue aussi à la découverte de sa main. Au début, le hasard amène la main dans son champ visuel : l'enfant la regarde intensément et s'aperçoit peu à peu qu'il peut la bouger, l'ouvrir, la fermer et la porter à sa bouche. Bref, il se rend compte qu'il peut la maîtriser. Cette découverte visuelle de sa main concourt à la connaissance de son corps.

Avant même d'être capable de saisir les objets avec la main, l'enfant découvre certaines de leurs caractéristiques par la vision : ces objets sont gros ou petits, brillants ou ternes, ils bougent ou sont immobiles. Même si le bébé ne comprend pas ces concepts, il enregistre visuellement ces caractéristiques.

Tout comme l'audition, la vision renseigne l'enfant sur les distances qui le séparent des objets et sur les mouvements qui se produisent dans son environnement. À titre d'exemple, quand on nourrit le bébé, les premiers temps, on doit toucher ses lèvres avec le sein ou le biberon pour qu'il ouvre la bouche. Avec le temps, à l'approche de la tétine, il sait à quel moment ouvrir les lèvres sans qu'on ait à les toucher. Voilà qui témoigne de son habileté combinée à percevoir le mouvement et à évaluer visuellement les distances.

De plus, l'enfant découvre graduellement la notion de profondeur, comme l'a démontré une célèbre expérience en laboratoire, soit celle de la falaise visuelle[2], menée auprès de bébés de 6 mois et plus. Au cours de cette expérience, on plaçait un panneau quadrillé sous une table de verre. Sur cette table, on posait l'enfant. D'un côté, le panneau quadrillé était apposé immédiatement sous la vitre, alors que de l'autre, il était dénivelé à plus d'un mètre. Tous les bébés qui avaient développé la notion de profondeur hésitaient à traverser la table et, souvent, refusaient même d'avancer, malgré les encouragements de leur mère qui se trouvait du côté profond de la vitre. Toutefois, le fait que l'enfant soit conscient de la profondeur ne signifie pas qu'il soit conscient du danger. En haut d'un escalier, peut-être hésitera-t-il quelques instants et sans doute percevra-t-il la dénivellation, mais il y a fort à parier qu'il tentera malgré tout de s'y engager.

---

2. E. J. GIBSON et R. D. WALK. « The Visual Child ». *Scientific American*, 1 960 202 (2) : 67-71.

En bref ···

La **vision** du bébé l'amène à porter son attention sur un objet, à le fixer, à en suivre les déplacements, à en enregistrer les caractéristiques, à évaluer les distances, à regarder le visage des gens, à décoder le message affectif qu'il transmet et à communiquer ses besoins et ses désirs.

···

Le sens du mouvement

Voyons maintenant le sens du mouvement, tel qu'enregistré par les muscles et le système vestibulaire de l'enfant. Le terme, « vestibulaire », vient du mot vestibule, qui désigne une partie de l'oreille interne. Le système vestibulaire est lié à l'équilibre du corps, à ses positions et à ses mouvements dans l'espace lors de ses déplacements ; il permet de sentir que c'est le corps qui bouge et non la pièce dans laquelle on se trouve. Le système vestibulaire enregistre aussi les mouvements d'accélération, par exemple lorsqu'on descend une glissoire ou qu'on se balance.

Ce système, allié à la contraction et à l'étirement des muscles (la proprioception), induit chez le bébé des réactions de protection pour éviter les chutes et aide au maintien de l'équilibre lors des déplacements. En position assise, par exemple, le système vestibulaire permet à l'enfant de ressentir le moindre mouvement de son corps et de réagir pour éviter de tomber, soit en ajustant sa posture, soit en étendant les bras vers l'avant ou le côté. Ces réactions posturales facilitent les tâches motrices puisque l'enfant peut alors manipuler du matériel de jeu tout en maintenant une position stable. Les réactions posturales permettent également à l'enfant qui commence à marcher de rester quelques instants en équilibre même si sa position est instable : quand il avance un pied, il doit rester quelques secondes en déséquilibre sur l'autre jambe jusqu'à ce que le pied touche le sol. Il y arrive entre autres grâce à son système vestibulaire et à sa proprioception.

Que sont les stimulations vestibulaires? Ce sont celles qui font bouger l'enfant dans l'espace. Ainsi, un bébé en pleurs bercé doucement dans les bras de l'adulte jouit d'une forme de stimulation vestibulaire: cette stimulation lente et douce a sur lui un effet calmant. De même, les vibrations et les mouvements que l'enfant ressent dans son corps lors de déplacements en voiture ont aussi un effet calmant. À l'inverse, une stimulation vestibulaire rapide et intense telle que le sautillement dans les airs a un effet excitant.

En bref ···

Le **système vestibulaire** permet à l'enfant de développer son équilibre et ses réactions de protection, et de tenir des positions. Des stimulations vestibulaires lentes ont un effet calmant sur le bébé en pleurs.

···

Le goût et l'odorat

Le goût et l'odorat permettent aussi d'obtenir de l'information sur le monde extérieur. Dès la naissance, le bébé distingue les quatre goûts fondamentaux: le sucré, le salé, l'amer et l'acide. Le jeune bébé est davantage attiré par les saveurs sucrées (comme celle du lait maternel), puis salées, et il déteste ce qui est amer.

Toutefois, il faut éviter les aliments sucrés — notamment le miel — qui peuvent provoquer des maux de cœur, et l'ajout de sel, de poivre ou de beurre, qui peut irriter le système rénal et le système gastro-intestinal du bébé. D'ailleurs, les papilles du bébé perçoivent des concentrations de saveurs plus faibles que celles de la langue de l'adulte. Le goût a aussi une fonction primitive de protection, permettant à l'enfant de reconnaître un aliment avarié; son odorat pourrait aussi le déceler.

L'odorat joue un grand rôle dans le goût: certains estiment qu'il y contribue à 80 %! Ne goûtons-nous pas moins les aliments quand nous sommes enrhumés et, à l'inverse, ne sommes-nous pas attirés par un plat qui sent bon, étant alors convaincus qu'il ne peut qu'être savoureux ?

L'odorat provoque diverses réactions chez l'enfant : en général, il est ravi par l'odeur du miel, des bananes ou du lait, alors qu'il associe à des sensations désagréables l'odeur des crevettes, de l'essence ou de la fumée. Pour ces derniers éléments, le bébé manifeste son déplaisir par des pleurs intenses, ce qui donne encore à penser que l'odorat contribue à protéger l'enfant.

L'enfant éprouve des émotions diverses liées aux odeurs, car les récepteurs situés dans les narines acheminent les sensations olfactives aux zones du cerveau qui sont associées à la mémoire et aux émotions. Voilà pourquoi, par exemple, l'odeur d'un livre neuf nous rappelle nos premiers jours d'école.

Le goût n'est pas aussi important que les autres sens dans le développement de l'enfant, mais l'odorat, lui, joue un rôle certain dans l'attachement du bébé à sa mère, car dès les premières tétées, il distingue son odeur de celle d'une autre femme.

En bref

L'**odorat** permet à l'enfant de reconnaître l'odeur de sa mère, des objets et des aliments, et il influence le goût. Quant au **goût**, il lui permet de distinguer les saveurs des aliments.

Diverses considérations

En observant le bébé, et surtout ses réactions à différentes stimulations, l'adulte saura doser celles qu'il lui offre. À sa manière, l'enfant lui indiquera s'il aime ou non, et si la stimulation est trop forte pour lui. S'il réagit négativement à une stimulation, mieux vaut la cesser temporairement.

Chaque personne a ses préférences en ce qui concerne le type et l'intensité des stimulations. Certains enfants apprécient davantage les stimulations visuelles : jouets colorés, images, contact visuel. D'autres préfèrent les stimulations auditives : musique, jouets sonores, histoires. Certains adorent toucher à tout, d'autres n'apprécient pas certaines textures. Certains aiment bien se balancer, mais n'apprécient pas les manèges, à cause de l'intensité d'une telle stimulation.

À propos des stimulations tactiles, précisons qu'en général, le bébé préfère les stimulations fermes aux stimulations superficielles : il aime mieux les massages que les chatouillements. D'ailleurs, il y a fort à parier que si on demandait à une personne chatouilleuse ce qu'elle préfère, elle répondrait aussi les massages. Le rire que provoquent les chatouillements n'est pas nécessairement l'indice d'un plaisir, mais bien, le plus souvent, celui d'un inconfort.

Durant sa première année de vie, le bébé aime les activités qui stimulent ses sens, surtout si elles sont adaptées à ses préférences. Il apprécie les bercements et les sensations que procure le bain (et l'eau en général). Il aime les jouets de texture agréable, qui émettent des sons ou qui bougent.

Non seulement l'enfant est-il attiré par ce qui stimule ses sens, mais c'est aussi de cette manière qu'il entre en contact avec les objets : il les regarde, les secoue, les écoute et les porte à sa bouche. En suscitant son intérêt et sa curiosité envers son environnement, on éveille chez lui le goût de comprendre cet environnement, d'agir et de réagir.

Nous l'avons déjà dit, les différents sens travaillent de concert. Une activité ou un jouet qui stimule plusieurs sens à la fois favorise davantage de connexions entre les divers circuits sensoriels et une meilleure intégration des sensations. En conséquence, un jouet attirant à regarder (vision), doux au toucher et facile à saisir (toucher) et qui émet des sons (audition) capte plus longtemps l'attention de l'enfant et lui fournit un plus grand nombre d'informations qu'un objet qui ne peut être que regardé. Dans le même sens, le fait de nommer les parties de son corps tout en les touchant (« Je lave ton ventre, tes bras ») favorise une meilleure intégration des mots, car l'apprentissage s'appuie non seulement sur la parole, mais aussi sur le toucher. Bercer l'enfant doucement dans vos bras (stimulation vestibulaire et tactile) tout en lui chantant une berceuse (stimulation auditive) alors qu'il peut vous regarder (stimulation visuelle) risque de le calmer plus rapidement parce que l'enfant enregistre plusieurs sensations différentes visant le même but.

Par ailleurs, mieux vaut éviter d'offrir à l'enfant des stimulations excessives, ce qui aurait pour effet de surcharger ses circuits sensoriels. Nous avons dit que les stimulations étaient une nourriture pour le cerveau : il est donc essentiel d'accorder au bébé le temps nécessaire pour les digérer. La stimulation doit toutefois être suffisamment intense pour l'éveiller à ce qui l'entoure. Donc, pas de diète, mais pas non plus d'excès de stimulations. Pour permettre à l'enfant de se découvrir et de prendre contact avec le monde qui l'entoure, il suffit de lui prodiguer des soins chaleureux, de lui faire faire des activités agréables et de lui donner un environnement qui suscite son intérêt.

La perception

À mesure que le bébé évolue, les renseignements recueillis par ses sens l'amènent à développer sa perception. Son cerveau interprète et organise ses sensations et le monde qui l'entoure prend alors un sens pour lui. À partir de ses expériences, de la pratique et des stimulations reçues, l'enfant apprend entre autres à percevoir son corps, les objets et l'espace. Voyons comment ces acquis se développent.

La perception de son corps

Comme nous l'avons vu, les stimulations tactiles, proprioceptives et vestibulaires aident l'enfant à apprendre où finit son corps et où commence le reste du monde et à percevoir les différentes parties de son corps comme un tout cohérent. L'enfant en arrive aussi à reconnaître les dimensions et le fonctionnement de ce dernier. Graduellement, il enregistre que son corps comporte deux côtés, un droit et un gauche, et il apprend à les coordonner. C'est la latéralité qui se développe ; nous en reparlerons au chapitre 4.

L'enfant intègre graduellement son schéma corporel, c'est-à-dire une représentation mentale des parties de son corps et des liens qui existent entre elles. Parce qu'il connaît bien son corps, il se penche suffisamment pour passer sous la table, évitant ainsi de se frapper la tête, il tient compte de l'espace disponible et des dimensions de son corps pour décider de passer de front ou de côté entre deux chaises et il utilise ses bras et ses jambes pour ramper sous une table basse.

L'efficacité de l'ensemble de ses gestes repose sur une bonne perception de son corps. L'observation de l'enfant en action offre un bon indice de cette perception. Chaque nouveau geste (porter un jouet à sa bouche, frapper deux jouets ensemble) et chaque nouveau déplacement (ramper, marcher à quatre pattes) témoignent du développement progressif de la perception de son corps.

Un enfant capable d'identifier sur demande les parties de son corps fournit un autre bon indice de la connaissance qu'il en a, bien que cela ne témoigne pas uniquement de son schéma corporel, car pour y arriver, il fait aussi appel à ses habiletés langagières. Il pointe d'abord les parties demandées avant de pouvoir les nommer. Ainsi, entre 1 an et 2 ans, en réponse à la question : « Où est ton nez, ta bouche, où sont tes oreilles ? », il pointe les diverses parties du visage, puis il apprend à les nommer lui-même en réponse à la question : « Qu'est-ce que c'est ? ». Il apprend ensuite à faire de même avec les autres parties du corps : mains, ventre, pieds... Vers 4 ou 5 ans, il acquiert la connaissance des articulations (coudes, épaules, genoux) et, enfin, il arrive à distinguer sa main droite de sa main gauche. Ce n'est qu'à la période scolaire qu'il pourra localiser ses organes internes, comme le cœur ou les poumons.

La perception des objets

Il est question ici de la manière dont l'enfant arrive à percevoir les caractéristiques des objets qui l'entourent. Cet apprentissage s'appuie particulièrement sur les sensations visuelles et tactiles.

Grâce à sa peau, l'enfant perçoit les différences de textures (doux, rude), de résistance (dur, mou) et de poids (lourd, léger) des objets. Quant à la perception visuelle, elle permet de reconnaître les détails et les caractéristiques des objets qui lui font savoir, par exemple, que deux de ses jouets sont des poupées, bien qu'elles soient légèrement différentes l'une de l'autre. La perception visuelle amène aussi l'enfant à distinguer les formes, les couleurs et les dimensions des objets.

Ces diverses habiletés, en lien avec la perception des caractéristiques des objets, suivent une même séquence de développement. En premier lieu, l'enfant peut *regrouper les objets pareils* (même forme, même couleur, même grandeur) : il sait repérer deux voiturettes ou deux cubes identiques. Plus tard, il arrive, sur demande, *à pointer celui qui n'est pas pareil aux autres*, par exemple un cube parmi des bâtonnets, un objet bleu parmi des objets rouges. Par la suite, sa compréhension et son langage se développant, il sait *identifier l'objet selon la caractéristique demandée* : « Y a-t-il un objet rond ? ». Enfin, il arrive *à nommer la caractéristique de l'objet* : « Cette balle est ronde ».

Dans la perception des dimensions, des textures et des poids, une autre étape s'ajoute, soit celle *de comparer les objets entre eux* : « Ce cube est plus petit que les autres ; ce jouet est plus doux que celui-ci ; cette balle est la plus légère ».

Il faut tenir compte de cette séquence et ne pas s'attendre, par exemple, à ce que l'enfant sache nommer les couleurs avant qu'on les lui ait nommées et répétées. Il peut d'abord regrouper les objets de même couleur, puis identifier ceux qui ne le sont pas, et ensuite pointer une couleur sur demande. Enfin, il peut nommer de lui-même la couleur d'un objet.

La perception de l'espace

Dans cette section, nous regroupons les habiletés qui permettent à l'enfant de percevoir les objets en lien avec son environnement. Ces habiletés l'amènent progressivement à comprendre des notions de position, de direction, d'orientation, de distance et de profondeur.

À mesure que l'enfant se déplace par ses propres moyens et qu'il devient plus mobile, il explore activement l'espace et développe sa perception des distances : celles qui le séparent des objets et celles entre les objets.

Lorsqu'il étend le bras pour saisir un objet, il utilise sa perception des distances.

S'il veut copier un modèle avec des cubes, par exemple deux cubes posés côte à côte et un troisième par-dessus, il doit bien percevoir leur position respective. Quand il fait un encastrement de quelques pièces, celui des fruits par exemple, il doit reconnaître la position de chacun des fruits par rapport à lui et aux autres pièces (la banane est tout près de lui, les raisins sont à côté de la pomme) de même que leur direction et leur orientation (la poire est droite, la pomme est penchée d'un côté) : alors, il sait trouver l'espace prévu pour chacune des formes.

Quand l'enfant essaie d'entrer des objets dans un contenant fermé présentant des orifices adaptés à leur forme, il doit là aussi faire appel à sa perception de l'espace ; après avoir reconnu visuellement la forme d'un objet, il le tourne pour l'orienter dans le bon sens et dans le bon angle.

Seau de tri

Les casse-tête[3] donnent aussi un bon indice de la perception de l'espace par l'enfant.

Pour un enfant de 18 mois, on privilégie des modèles en bois dont chaque pièce est séparée des autres et munie d'une cheville de bois qui facilite la manipulation. Par essais et erreurs, l'enfant tente d'associer une forme à la cavité qui lui est destinée. Entre 2 et 3 ans, il s'intéresse aux casse-tête d'environ 4 pièces, de préférence grosses et épaisses, qui reproduisent une image simple. Vers 3 ans, il ne procède plus par essais et erreurs, mais s'appuie plutôt sur la couleur ou la forme des pièces pour les placer correctement : il sait que le soleil est rond et jaune. Il pourra alors faire un casse-tête de 6 à 10 pièces. Graduellement, le casse-tête de bois est remplacé par le casse-tête en carton, dont le nombre de pièces peut augmenter pour atteindre

---

3. Puzzle

10 à 15 pièces vers l'âge de 4 ans. Un enfant qui aime faire des casse-tête et en fait souvent peut réussir ceux qui comptent davantage de pièces.

Même si le dessin (dont nous reparlerons au chapitre 6) requiert des habiletés motrices et cognitives, son organisation peut également donner une indication de la perception de l'espace de l'enfant. Celui-ci peut-il répartir son dessin sur l'ensemble de la feuille en évaluant bien l'espace dont il dispose? Organise-t-il les divers éléments les uns par rapport aux autres (le chien est à côté de l'enfant et non dans le ciel)? Les éléments sont-ils bien orientés dans l'espace (le soleil est en haut de la feuille, le gazon est au bas de la feuille)?

À l'âge préscolaire, la copie de formes donne une autre indication de la capacité de l'enfant à percevoir l'espace, même si cette activité sollicite également des habiletés motrices. Pour reproduire une forme, il doit percevoir, par exemple, que ce trait sur le papier est penché (diagonal) alors que cet autre est droit (vertical, horizontal). En premier lieu, l'enfant peut imiter une ligne verticale qu'on trace devant lui, puis une autre horizontale, puis des cercles. Par la suite, il essaie de copier une croix et un carré et, plus tard, un rectangle et un triangle. Le triangle est une forme plus complexe à reproduire que la croix ou le rectangle parce que ses angles ne sont pas droits et ne s'appuient pas sur une ligne horizontale ou verticale.

L'habileté de l'enfant à comprendre progressivement les relations entre les objets l'amène aussi à saisir des termes reliés à l'espace tels que «sur», «sous», «devant», «derrière», «dessus», «dessous», «entre», «à gauche», «à droite». Si l'enfant comprend des phrases comme: «Va porter ton ourson sur ton bureau» ou «Tes souliers sont sous ton lit», cela signifie qu'il sait reconnaître la position des objets dans l'espace, les relations entre eux et les termes décrivant leur position.

Une perception adéquate de son corps et de l'espace, combinée à ses habiletés motrices, permet à l'enfant de se déplacer avec facilité dans son environnement. Bientôt, en jouant au ballon, il réussit des changements brusques de direction, des ajustements de position aux bons moments et des déplacements rapides et fluides.

La perception du temps et des nombres

Le **temps** étant un concept abstrait, il est difficile à saisir pour un jeune enfant. On ne peut le palper, comme la forme ou la grosseur des objets, ni le voir, comme les couleurs. Il faut plusieurs années pour comprendre ce que signifie « dans deux jours, « la semaine passée », « l'été prochain ». Il faut encore plus de temps pour comprendre le continuum « passé, présent, futur ». Parallèlement, il est difficile pour l'enfant de moins de 6 ans de comprendre véritablement qu'une certaine photo représente papa quand il était petit, il y a longtemps, ou que maman ressemblera à grand-maman dans quelques années. L'enfant d'âge préscolaire vit dans le temps présent et il a du mal à s'imaginer le passé ou à se projeter dans l'avenir.

À quelques mois de vie, le bébé distingue le jour de la nuit grâce à la différence de lumière et d'activités. Des routines stables et prévisibles lui permettent de comprendre la succession d'activités dans le temps. Il saisit assez tôt que lorsque maman sort le biberon du réfrigérateur, elle le fait chauffer et le lui donne. La séquence des activités quotidiennes l'aide également : tout d'abord le souper, suivi du bain, puis d'une histoire et, après, le dodo. Alors, graduellement, il commence à comprendre les termes « avant », « après », « bientôt ». Il a d'ailleurs plus de facilité à saisir ces notions reliées au temps si on les associe à des activités courantes : avant le dodo, après avoir mangé.

Peu à peu, sa compréhension du temps s'élargit : il comprend « hier » ou « demain », « dans deux dodos », « la semaine prochaine ». Puis viendront les saisons : à l'hiver, à l'été. Il se situera mieux dans le temps à partir de 6 ans.

Son évaluation du temps est subjective et s'appuie sur ce qu'il ressent. Il lui est difficile d'évaluer la durée d'une activité ou d'une attente et d'en faire une estimation objective ; cinq minutes peuvent lui paraître une éternité si c'est ennuyeux ou beaucoup trop court si c'est agréable (ne vous arrive-t-il pas d'avoir la même impression ? Deux minutes de tintamarre ne vous paraissent-elles pas dix fois plus longues que deux minutes de calme ?).

Le concept de **nombre** prend aussi quelques années à se développer. L'enfant apprend d'abord à distinguer « un » de « plusieurs ». Par la suite, il compte mécaniquement de 1 à 5, puis jusqu'à 10 et jusqu'à 30. Toutefois, au début, s'il compte des objets devant lui, il ne fait pas nécessairement de rapprochement entre le chiffre auquel il parvient et le nombre d'objets. S'il y a 6 blocs de bois devant lui, il les comptera sans erreur, mais si on lui demande « Combien y a-t-il de blocs ? », il pourra recommencer à les compter, incapable d'associer le nombre obtenu aux objets comptés. Quand il répond « 6 », il démontre alors que le concept de nombre commence à être bien intégré.

À 2 ans, l'enfant peut dire son âge (même si ce chiffre ne signifie encore rien pour lui) et, à 5 ans, il sait donner son numéro de téléphone.

Le monde virtuel et le développement de la perception

Il existe des logiciels, des cédéroms et des applications pour les jeunes enfants qui invitent à identifier des objets de même forme, couleur ou dimension ou à trouver un objet précis parmi un ensemble. L'expérience offerte par l'ordinateur est très différente de celle que retire l'enfant dans son contact avec le monde réel. Il ne ressent pas les sensations dans son corps : il ne touche pas les objets, ne les manipule pas, n'enregistre ni leur texture ni leur poids. Tout passe par le système visuel.

Nous l'avons vu, un développement harmonieux de la perception s'appuie sur une action concertée de tous les sens. Il ne faudrait donc pas croire qu'un jeu informatique a le même effet qu'une expérience concrète des objets, de l'espace et de son corps en mouvement. C'est en bougeant, en touchant, en écoutant, en entrant en contact avec les objets et avec les autres que l'enfant arrive à développer une perception intégrée de son environnement.

Activités pour accompagner l'enfant dans son développement sensoriel et perceptif

Les activités qui suivent concernent d'abord l'ouïe, l'odorat et le goût, puis la perception du corps, des objets et de l'espace qui s'appuie notamment sur le toucher et la vision. Il est intéressant d'observer la réaction de l'enfant aux stimulations qu'on lui offre ; cela peut être l'occasion d'identifier ses préférences, mais aussi de prendre conscience qu'il n'aime pas telle stimulation. Il est alors préférable de la cesser pour un temps.

L'ouïe

De la naissance à 1 an

▶ Prendre l'habitude de parler au bébé pendant que vous lui prodiguez des soins : « Je vais changer ta couche… Maintenant, tu sens bon ».

▶ Lui chanter des berceuses qui, en plus de susciter son intérêt, le prédisposent au sommeil.

▶ Vous placer devant lui quand vous lui parlez pour qu'il voie bien votre visage et votre bouche ; ainsi, vous captez son regard, lui offrant une stimulation visuelle en même temps qu'une stimulation auditive.

▶ Lui faire écouter le tic-tac d'un réveille-matin ou d'une montre, avec une oreille puis avec l'autre. On fait souvent cette activité spontanément, mais on oublie parfois d'offrir cette stimulation à chacune des oreilles.

◗ Imiter les sons qu'il fait, ce qui l'incitera à les répéter à son tour.

◗ S'amuser à changer le ton de votre voix pour la rendre aiguë ou grave.

◗ Chanter sur différents rythmes.

◗ Lui faire écouter de la musique, des chansons.

◗ Lui faire découvrir que certaines personnes savent siffler comme des oiseaux.

À partir de 1 an

◗ Lui faire identifier les bruits de la maison : « Qu'est-ce qu'on entend : le téléphone qui sonne ? La sonnette de la porte ? L'aspirateur ? ».

◗ Attirer son attention sur les bruits provenant de l'extérieur de la maison : « Entends-tu l'avion, la sirène, le klaxon de l'auto ? ».

◗ Lui faire écouter le bruit d'un coquillage.

◗ Avec un contenant de plastique renversé et une cuillère de bois, inviter l'enfant à suivre le rythme d'une musique ou à reproduire un rythme que vous faites.

◗ Voir les autres suggestions d'activités en lien avec le développement du langage au chapitre 5.

L'odorat

À partir de 2 ans

◗ Lui faire sentir des aliments, des fleurs, un vêtement propre. Toutefois, notons qu'un jeune enfant a de la difficulté à sentir sur commande. Il pourrait même avoir tendance à souffler sur l'objet avec son nez plutôt qu'à inspirer pour sentir.

◗ Lui faire remarquer l'odeur du gâteau qui sort du four, le parfum de maman, la lotion après-rasage de papa, l'odeur du savon sur son corps au moment du bain ou du lavage des mains. Cela lui offre diverses stimulations olfactives.

À partir de 3 ans

▶ Lui fournir du matériel de jeu qui stimule son odorat : de la pâte à modeler au parfum de fruits, des crayons-feutres parfumés.

▶ Après avoir bandé ses yeux, inviter l'enfant à identifier des objets familiers seulement grâce à son odorat : morceau de savon, parfum, crayon-feutre, oignons...

Le goût

À partir de 1 an

▶ Encourager l'enfant à goûter différentes saveurs et diverses textures en présentant le tout comme une expérience amusante à faire. « J'ai ici quelque chose de spécial ; je pense que ça doit être très bon : tu veux goûter ? »

À partir de 2 ans

▶ Soigner la présentation d'un nouvel aliment pour inciter l'enfant à y goûter. Ainsi, le brocoli est plus attrayant s'il représente la chevelure d'un clown dont la figure est faite de pommes de terre en purée, les yeux, de tranches de concombres, la bouche, d'un quartier de tomate et le col, de saucisses : l'enfant aura plus envie de manger les cheveux du clown que du brocoli.

▶ Donner des appellations amusantes au plat, voilà une autre façon d'amener l'enfant à goûter et à maintenir son intérêt pour un aliment. Le brocoli devient une série de petits arbres et l'enfant, un géant qui les dévore.

À partir de 3 ans

▶ S'amuser à deviner l'aliment : inviter l'enfant, dont les yeux sont bandés, à identifier un aliment déposé dans sa bouche — fromage, pomme, poire, banane, raisins secs. Effectuée lors de la collation, l'activité devient un moment agréable de découvertes.

Le toucher, la perception de son corps et des objets

De la naissance à 1 an

▶ Balancer doucement le bébé dans vos bras : il expérimente ainsi le mouvement de son corps dans l'espace, mouvement qui peut le consoler à l'occasion.

▶ Lors du bain, lui faire découvrir différentes textures (mains, éponge ou serviette) et faire couler de l'eau sur les différentes parties de son corps en les lui nommant.

▶ Promener le jet de la douche téléphone sur son ventre, son dos, ses cuisses.

▶ Quand la température le permet, le laisser en couche pendant les périodes d'éveil pour qu'il touche les différentes surfaces avec tout son corps et non seulement avec ses mains.

▶ Lui faire des câlins, des caresses, des massages : le bain et l'après-bain sont des moments privilégiés pour ces activités. En le lavant, en l'essuyant au sortir du bain, en le caressant, en l'enveloppant dans vos bras, vous l'aidez à enregistrer les parties de son corps. Ce contact rapproché lui communique également votre amour pour lui.

▶ L'amener à toucher des textures douces et d'autres plus rugueuses : couverture de flanelle, velours, fourrure, bois, brosse à cheveux…

▶ Lors de sorties, lui permettre de sentir le vent ou même la neige sur sa peau en ne cachant pas complètement son visage.

▶ Souffler doucement sur les différentes parties de son corps, lui donnant la sensation d'un petit vent qui le chatouille.

▶ En période d'éveil, le coucher sur un tapis tactile fait de tissu de différentes textures.

▶ Lui fournir des jouets de textures diverses (ourson en peluche, blocs de bois, balles de caoutchouc, personnages en tissu) afin de varier la stimulation tactile. En mentionnant que c'est doux, froid ou lourd, vous le rendez conscient des caractéristiques tactiles des objets et ajoutez de nouveaux mots à son vocabulaire.

▸ Le laisser porter à sa bouche des objets inoffensifs de différentes formes et matières (caoutchouc, bois, matière plastique résistante) : cette activité lui permet de reconnaître et d'enregistrer la résistance et les textures des objets.

▸ L'inviter à toucher la barbe d'un visiteur. L'enfant enregistre mieux les sensations qu'il se donne lui-même que celles qui lui sont imposées. Ainsi, en invitant l'enfant à toucher lui-même la barbe du visiteur plutôt que de prendre sa main pour la lui faire caresser, il y mettra l'intensité et le temps qu'il voudra.

▸ Lui offrir un livre tactile, qui incite l'enfant à toucher.

À partir de 1 an

▸ Donner à l'enfant l'occasion de jouer dans le sable, dans la neige, sur l'herbe et dans l'eau, avec de la peinture ou de la glaise.

▸ Lui faire sentir la vibration de l'aspirateur.

▸ Le rouler ou enterrer certaines parties de son corps dans la neige, dans les feuilles ou tout simplement dans une couverture.

▸ Demander à l'enfant de vous indiquer les parties de son visage, puis, à mesure qu'il vieillit, les autres parties de son corps et, enfin, les articulations.

À partir de 2 ans

▸ En été, alors que l'enfant a les pieds nus et mouillés, l'inviter à laisser ses empreintes sur les dalles ou dans le sable et, de la sorte, à tracer des chemins.

▸ Dessiner le contour de son corps après l'avoir couché sur une grande feuille de papier ; il prendra alors conscience de la dimension de son corps et cela l'aidera à intégrer son schéma corporel.

▸ Dans le sable, inviter l'enfant à enterrer ses mains, ses pieds.

À partir de 3 ans

▸ Alors qu'il a les yeux fermés, l'inviter à nommer la partie de son corps que vous touchez avec votre doigt (la joue, le bras, le ventre).

▸ Après avoir caché des objets familiers (peigne, crayon, clés) dans un contenant ou sous une couverture, ou après avoir bandé les yeux de l'enfant, lui demander d'identifier l'objet qu'il a en mains. Ce jeu est encore plus amusant si papa ou maman y participe.

▸ Tracer des formes simples (soleil, maison, pomme) sur son dos avec un doigt et l'inviter à identifier le dessin. Cette activité peut permettre d'occuper l'enfant dans une salle d'attente tout en attirant son attention sur les sensations tactiles.

▸ Inciter l'enfant à tracer sur une feuille le contour de sa main et de la vôtre. Il prendra plaisir à comparer le résultat.

▸ Jouer à colin-maillard. Les yeux bandés, l'enfant doit identifier en la touchant la personne devant lui. Ce jeu est particulièrement apprécié dans les fêtes d'enfants.

La vue, la perception des objets et de l'espace

De la naissance à 1 an

▸ Faire bouger un objet contrasté devant les yeux de l'enfant à une distance d'environ 20 cm et l'y intéresser.

▸ Mettre à sa vue des objets susceptibles d'attirer son œil : objets de couleurs, de grosseurs et de formes différentes.

▸ Accrocher un mobile au-dessus de son lit, ce qui l'incite à y fixer le regard et à en suivre le mouvement. Une autre stimulation (auditive) s'offre à lui si le mobile est musical.

▶ S'amuser à faire le bouffon devant lui en reproduisant des grimaces : une bouche qui sourit exagérément et se referme bruyamment ou qui imite le bruit d'un moteur, des sourcils qui s'arquent, des yeux qui clignent, une langue qui s'agite puis disparaît, des lèvres qui frissonnent, des joues qui se gonflent. Aucun bébé ne résiste à ces mimiques et, vers six semaines, elles feront peut-être apparaître son premier sourire.

▶ Imiter ses expressions faciales, ce qui maintient son intérêt à vous regarder.

▶ Installer un miroir près de la table à langer. Le jeu de la lumière sur le miroir et le mouvement de ses bras et de ses jambes quand vous le changez de couche attireront son regard.

▶ À la fenêtre, lui montrer les feuilles que le vent fait tomber, la neige qui tourbillonne, ce qui l'incitera à suivre des objets en mouvement.

À partir de 1 an

▶ Faire remarquer à l'enfant l'eau qui tournoie dans les toilettes quand on actionne la chasse d'eau.

▶ Lui faire découvrir la magie du miroir en vous plaçant derrière lui et en faisant des gestes ; il aura plaisir à observer ces mouvements, même s'il lui faudra encore quelque temps pour qu'il se reconnaisse dans la glace.

▶ L'inviter à retrouver des objets dans une illustration : « Où est le ballon ? Vois-tu une petite fille ? Y a-t-il un chien ? ».

▶ Attirer son attention sur les caractéristiques des objets illustrés dans un livre : leur position, leur couleur, leur taille, leur forme.

▶ Attirer son attention sur les ressemblances et les différences entre les objets : « Ce ballon est de la même couleur que celui-ci ».

À partir de 2 ans

▶ Par une journée ensoleillée, inviter l'enfant à suivre le reflet du soleil que vous projetez sur les murs à l'aide d'un petit miroir. Ce n'est qu'à l'âge scolaire que l'enfant réussira lui-même à faire cette activité qui l'oblige à regarder où est le soleil et à estimer l'angle à donner au miroir pour projeter son reflet sur le mur.

▶ Faire découvrir la magie du colorant végétal qui change la couleur de l'eau. Cette expérience de chimie suscite l'attention visuelle du jeune enfant. Avec de la peinture (plus facile à nettoyer que le colorant végétal), on peut entraîner l'enfant plus âgé dans le merveilleux monde des couleurs et l'inviter à mélanger lui-même deux couleurs.

▶ L'inviter à regrouper des objets de même forme, de même couleur ou de même grosseur, que ce soit des blocs, des bâtonnets ou des craies.

▶ Lui offrir des encastrements de formes et de couleurs variées, dont le nombre de pièces augmente avec l'âge.

À partir de 3 ans

▶ Lors d'une promenade avec l'enfant, lui demander de vous guider pour revenir à la maison. Il devra vous indiquer où tourner, si vous êtes loin ou non de la maison et de quel côté de la rue celle-ci se trouve.

▶ Lui apprendre le jeu de cartes Rouge ou noire. Le meneur de jeu demande à l'enfant de deviner la couleur (rouge ou noire) de la prochaine carte à retourner. Si l'enfant devine correctement la couleur, la carte lui revient; sinon c'est le donneur qui la ramasse. On continue ainsi jusqu'à la fin du paquet, le joueur gagnant étant celui qui a cumulé le plus de cartes. C'est là une façon nouvelle pour l'enfant de jouer avec les couleurs. À la fin, il doit comparer la hauteur du paquet de chacun pour déterminer le gagnant.

▶ Dans une illustration, s'amuser à identifier un objet plus grand, plus gros et plus long qu'un autre.

▶ Jouer avec l'enfant à copier des formes : d'abord des cercles, des croix, des carrés, puis des triangles, des lettres, des chiffres.

Le temps et les nombres

▶ Inviter l'enfant à raconter les différentes séquences d'une sortie qu'il a faite. Par exemple, lors d'une visite au zoo : « On vu les singes, on les a nourris, puis on s'est acheté une glace et, après, on a vu les girafes… ». Le fait de retracer les séquences aide l'enfant à se situer dans le temps, à se remémorer ce qui est arrivé en premier et ce qui a suivi.

▶ Lui procurer une graine de haricot ou d'une autre plante et l'inviter à la faire pousser dans sa chambre. Il comprendra alors comment poussent les plantes tout en expérimentant la notion du temps.

▶ Regarder un album de photos avec l'enfant et identifier les personnes en les situant dans le temps : « Te voilà quand tu étais bébé ; voici papa quand il a commencé l'école… ».

▶ On peut utiliser les chiffres pour aider l'enfant à se situer dans le temps. Ainsi, en montrant à l'enfant les aiguilles sur l'horloge et en lui disant : « Quand la grande aiguille sera sur le 3, on prendra une collation », on lui donne un indice de durée tout en lui faisant connaître le chiffre 3.

▶ Certaines comptines permettent à l'enfant d'apprendre les chiffres. Ainsi en est-il de celle-ci :

Un, deux, trois, quatre
Ma petite vache a mal aux pattes,
Tirons-la par la queue
Elle sera bien mieux
Dans un jour ou deux.

Ou cette autre comptine, tirée de l'ancienne émission télévisée *Passe-Partout*, qui enseigne à l'enfant les parties de son corps et le chiffre 2 :

J'ai deux yeux, tant mieux,

Deux oreilles, c'est pareil,

Deux épaules, c'est drôle,

Deux bras, ça va,

Deux fesses qui se connaissent,

Deux cuisses qui glissent,

Deux jambes, il m'semble,

Deux pieds pour danser.

▶ Quand l'enfant reconnaît les chiffres (vers l'âge de 5 ans), il apprécie le jeu de cartes appelé La bataille : le paquet de cartes est divisé en deux. Sans regarder les cartes, chaque joueur tourne celle du dessus et le joueur dont la carte indique le chiffre le plus élevé ramasse la levée. Quand toutes les cartes ont été jouées, celui qui a le plus gros paquet gagne.

Tableau synthèse
Le développement sensoriel et perceptif[4]

De la naissance à 6 mois	› Il reconnaît la voix et l'odeur de sa mère. › Il se détourne d'une odeur désagréable. › Il est attiré par les visages. › Il a de l'intérêt pour les objets ou images aux couleurs contrastées (noir et blanc). › Il reconnaît visuellement sa mère. › Il peut fixer son regard sur un objet éloigné d'une vingtaine de centimètres. › Il aime les objets de couleurs vives (images, mobiles). › Il bouge la tête au son de la voix et cherche à localiser l'origine des sons. › Il porte son poing à sa bouche. › Il distingue le jour et la nuit. › Il manifeste un intérêt grandissant pour son environnement : il regarde, il écoute. › Il reconnaît les voix des membres de son entourage. › Il adore observer et suivre les personnes des yeux.
De 6 à 12 mois	› Il porte ses orteils à sa bouche. › Il se sert de ses mains et de sa bouche pour explorer les objets. › Il comprend l'intonation affective d'un message : il fait la moue ou pleure quand on hausse le ton. › Il découvre la notion de profondeur (non celle du danger) et la notion de distance. › Il réagit à l'appel de son nom. › Il peut suivre du regard un objet qui bouge rapidement.
De 1 à 2 ans	› Il aime regarder les images d'un livre. › Sur demande, il identifie quelques images dans un livre en les pointant. › Il saisit le sens de « avant » et « après ». › Sur demande, il pointe les parties de son visage : nez, bouche, oreille, etc., puis quelques parties de son corps : mains, pieds, ventre… › Il peut rassembler deux objets de même forme. › Il place dans un encastrement des formes géométriques simples (cercle, carré, triangle).

4. Dans ce tableau, pour chaque groupe d'âge, les habiletés sont présentées selon la séquence habituelle de développement.

De 2 à 3 ans	› Par imitation, il reproduit une ligne verticale, horizontale, un cercle. › Il comprend successivement les termes « dans », « sur », « sous », « en bas », « en haut », « debout », « assis ». Il comprend les mots « lentement », « maintenant ». › Il peut sans erreur placer des anneaux gradués sur une tige. › Il regroupe des objets de même forme. › Il insère des objets de diverses formes dans les ouvertures correspondantes dans un encastrement. › Il peut nommer les parties de son visage. › Il peut dire son nom au complet. › Il réussit un casse-tête de 4 pièces. › Il reconnaît des objets familiers par le toucher. › Il comprend la différence entre « un » et « plusieurs ». › Il compte deux objets. › Il peut dire son âge.
De 3 à 4 ans	› Il regroupe les objets de même couleur. › Il réussit un casse-tête de 6 à 10 pièces. › Il nomme quelques couleurs. › Il réussit à insérer les uns dans les autres des objets de tailles différentes (contenants à encastrer). › Il comprend les termes « avant », « après », « petit », « gros ». › Il commence à comprendre les notions concernant le temps : « hier », « aujourd'hui », « tout à l'heure », « demain ». › Il copie une croix, un carré. › Il compte mécaniquement jusqu'à 10 et peut compter trois à six objets placés devant lui.
De 4 à 5 ans	› Il réussit un casse-tête de 10 à 15 pièces. › Il compare les objets entre eux (plus grand, plus petit). › Il comprend les termes « en dessous, « en avant », « en arrière », « près », « loin ». › Il identifie quelques articulations (épaule, coude, genou). › Il identifie des objets familiers en les touchant (sans les voir). › Il copie quelques lettres et chiffres. › Il comprend le sens de « premier » et de « dernier ». › Il comprend certaines notions de durée (une heure, c'est plus long qu'une minute). › Il distingue les parties de la journée : le matin, l'après-midi, le soir.

De 5 à 6 ans	› Il copie un triangle, un rectangle ainsi que son nom.
	› Il distingue sa main droite de sa main gauche.
	› Il écrit son nom.
	› Il réussit un casse-tête de 15 à 20 pièces.
	› Il reconnaît les chiffres.
	› Il peut compter mécaniquement jusqu'à 30 et compter 10 objets placés devant lui.
	› Il sait son numéro de téléphone.
	› Il situe les saisons.

CHAPITRE 3

Du contrôle des mouvements de la tête à la marche et à la bicyclette

Les enfants n'ont ni passé ni avenir et, ce qui ne nous arrive guère, ils jouissent du présent.

Jean de La Bruyère

L'homme arrive novice à chaque âge de la vie.

Chamfort

Au cours des mois et des années, l'enfant arrive à maîtriser progressivement son corps; il parvient à contrer la gravité et à contrôler ses muscles, de sorte qu'il peut graduellement tenir sa tête droite, s'asseoir, se mettre debout, marcher, courir, nager, aller à bicyclette, sauter à la corde. Mais c'est sans doute au cours de la première année de vie que son développement moteur est le plus spectaculaire à observer : incapable au départ de contrôler les mouvements de sa tête, le bébé parvient en quelques mois à se mettre debout seul.

Aux principes généraux de développement mentionnés au premier chapitre, d'autres s'ajoutent, qui sous-tendent l'évolution des habiletés motrices. Ces principes sont valables tant pour la motricité globale, qui concerne tout le corps, que pour la motricité fine, qui a surtout rapport avec le mouvement des mains et dont il sera question dans le prochain chapitre.

Principes du développement moteur

1. **Le développement moteur suit une direction, allant de la tête vers les pieds**

   L'enfant réussit d'abord à maîtriser les muscles de son cou pour maintenir sa tête droite, avant de pouvoir contrôler son tronc pour tenir la position assise. Par la suite, l'enfant arrive à maîtriser ses jambes, ce qui permet la marche.

   Selon ce même principe, l'enfant apprend d'abord à utiliser ses mains avant de pouvoir maîtriser adéquatement ses jambes : ses habiletés de motricité fine, comme saisir un objet, commencent donc à se développer avant qu'il sache se déplacer.

2. **Le contrôle moteur se fait d'abord dans les parties proximales, puis distales du corps**

   L'enfant contrôle les parties situées près de son corps avant les extrémités. Ses premiers essais de gribouillis sont un exemple de ce principe : au départ, pour réaliser ses chefs-d'œuvre, l'enfant déplace tout le bras, incluant l'épaule ; quelque temps plus tard, il est capable de stabiliser son épaule et n'active le bras qu'au niveau du coude et du poignet. Enfin, quand il sait maîtriser son coude, il n'utilise que sa main.

3. **Il y a dissociation progressive des parties du corps**

   Les roulades de l'enfant démontrent bien la dissociation progressive des différentes parties de son corps. Au début, il se tourne tout d'un bloc sur le dos puis sur le ventre. Plus tard, son mouvement s'amorce à partir des épaules, puis des hanches ; les parties de son corps travaillent alors de façon segmentaire.

   De la même manière, son habileté à saisir un petit objet entre le pouce et l'index témoigne de la dissociation progressive de ses doigts. Quelques mois auparavant, pour saisir un objet, il utilisait tous ses doigts qu'il refermait sur l'objet ; désormais, il réussit à le faire avec deux doigts seulement, l'index et le pouce.

4. **Avant l'émergence d'une activité motrice volontaire, l'enfant démontre certaines réactions de type réflexe**

   Les réflexes sont des réactions involontaires à certains stimuli. Ils sont de deux types : les réflexes d'adaptation et les réflexes primitifs qui, eux, disparaissent pour laisser graduellement place à une activité motrice volontaire.

   Parmi les réflexes d'adaptation, on compte le *réflexe pupillaire* (la pupille se contracte quand elle est exposée à une lumière vive), le *réflexe de déglutition* (le bébé avale quand un aliment est déposé dans sa bouche) et le *réflexe de retrait* (le bébé retire sa main lorsqu'il reçoit un stimulus désagréable). Le *réflexe de succion* permet au bébé de se nourrir dès les premières heures de vie et le *réflexe des points cardinaux* l'incite à tourner la tête vers la source de nourriture dès qu'on touche l'une ou l'autre de ses joues ou encore son menton.

Les réflexes primitifs, qui sont moins connus des parents, sont des préalables au contrôle moteur. En voici quelques-uns. Le *réflexe de marche automatique* se déclenche lorsqu'en plaçant nos mains sous ses aisselles, on tient le bébé debout sur une surface plane et qu'on le penche vers l'avant ; l'enfant exécute alors une succession de pas, comme s'il s'apprêtait à marcher. Il ne faut pas en conclure à une manifestation de force de sa part : il s'agit plutôt d'un réflexe qui disparaîtra vers l'âge de 3 mois. L'enfant lève aussi la jambe lorsque son pied touche un obstacle : c'est le *réflexe d'enjambement*. Jusqu'à l'âge de 6 mois, un bébé tenu sous le ventre dans l'eau exécute des mouvements coordonnés de nage : c'est le *réflexe de nage*. Pourtant, il ne sera en mesure d'apprendre les techniques de natation que des années après. Quant au *réflexe d'agrippement*, il s'estompe vers l'âge de 3 ou 4 mois ; jusque-là, le bébé tient fermement tout objet qu'on dépose dans sa main.

Ainsi donc, au réflexe d'agrippement succède la préhension volontaire des objets ; au réflexe de marche automatique succède la marche volontaire, plusieurs mois plus tard.

Voyons maintenant, en séquence, diverses habiletés de motricité globale, c'est-à-dire celles qui concernent tout le corps, et les étapes que doit traverser l'enfant pour les maîtriser.

Il contrôle les mouvements de sa tête

Commençons par l'habileté de base que doit développer l'enfant : la maîtrise des mouvements de la tête. Il doit acquérir cette habileté avant de tenir la position assise, de ramper, de prendre la position quadrupède, de se déplacer à quatre pattes et de se tenir debout. Le contrôle des mouvements de la tête assure la stabilité de base nécessaire aux autres acquisitions de motricité globale.

À la naissance, le nourrisson ne peut soutenir sa tête, qui est la partie la plus lourde de son corps. Quand nous le prenons dans nos bras, nous devons la tenir. La maîtrise de la tête, qui requiert une contraction des muscles du cou, s'acquiert progressivement et s'observe dans différentes positions. Très tôt, le bébé est capable de tourner sa tête sur les côtés quand il est couché sur le dos. Il peut aussi y arriver quand il est couché sur le ventre. Graduellement, quand l'adulte le prend debout dans ses bras, en l'appuyant sur sa poitrine et en le soutenant à la base du cou, l'enfant démontre une stabilité de la tête de plus en plus grande. D'ailleurs, cette position stimule les muscles de son cou et l'incite à redresser la tête pour voir autour de lui.

Couché sur le ventre, l'enfant parvient graduellement à soulever sa tête, ce qui lui demande de travailler contre la gravité. Il en arrive à prendre appui sur ses avant-bras, puis sur ses mains.

Les retournements

Vers l'âge de 4 mois, l'enfant commence à se retourner sur lui-même, d'abord du ventre au dos puis, quelques mois plus tard, du dos au ventre. Le plus souvent, les premiers retournements de l'enfant surviennent par hasard ; ainsi, quand il est couché sur le ventre et qu'il tourne la tête vers le plafond ou qu'il lève un bras, la gravité l'entraîne sur le dos. Puis il répète volontairement ce mouvement. Après plusieurs semaines, l'enfant apprend à tourner du dos au ventre, un mouvement plus exigeant puisqu'il défie la gravité. Comme il a été mentionné, l'enfant commence par se tourner tout d'un bloc, puis de façon segmentaire, les épaules amorçant le mouvement, suivies des hanches. Par cette activité, il apprend graduellement à mouvoir les différentes parties de son corps de façon harmonieuse.

Compte tenu des craintes associées au syndrome de mort subite, il arrive fréquemment que l'on hésite à mettre l'enfant sur le ventre. En conséquence, certains bébés apprennent à se retourner d'abord du dos au ventre. Pour dormir, bien sûr, il est recommandé de toujours coucher l'enfant sur le dos. Toutefois, quand il est réveillé, on peut le déposer à plat ventre par terre sur une couverture ou sur un tapis. Il n'y a pas de danger d'étouffement puisque vous pouvez alors le surveiller et qu'il est sur une surface rigide. Cela lui donne l'occasion de pratiquer les retournements et de renforcer les muscles de son cou et de son dos, ce qui l'aidera pour ses futurs déplacements à quatre pattes.

De plus, le déposer à plat ventre peut empêcher que sa tête s'aplatisse sur un côté ou à l'arrière. En effet, il a été démontré que les bébés constamment couchés sur le dos avaient souvent la tête tournée d'un même côté, ce qui — avec le temps — peut provoquer l'aplatissement de leur tête. À cet effet, la Société canadienne de pédiatrie recommande de changer l'orientation du bébé dans son lit, le couchant un jour à la tête du lit, et le lendemain au pied du lit, pour éviter l'aplatissement de la tête d'un côté. Une autre de leurs recommandations consiste à favoriser quotidiennement des périodes où le bébé est couché à plat ventre quand il est éveillé.

Il tient la position assise

À partir du moment où l'enfant, dans vos bras, est capable de tenir sa tête droite ou qu'il la soulève sans effort quand il est à plat ventre sur le sol, il commence graduellement à maîtriser les muscles de son dos. Quelques semaines plus tard, il démontre un certain contrôle du tronc. Vous le remarquerez quand il sera assis sur vous et que vous le soutiendrez au bas du dos sans qu'il s'appuie contre vous. Dès lors, il peut commencer à se tenir en position assise. Toutefois, son équilibre est précaire et il a du mal à maintenir le bas de son dos droit; il est affaissé vers l'avant. Pour éviter les chutes, il faut soutenir son bassin, soit avec les mains, soit avec le bras d'un fauteuil ou avec des coussins.

Peu à peu, l'enfant maîtrise mieux la position assise et il redresse son dos. Pour prévenir les chutes, quand il bouge le tronc ou la tête ou quand il veut saisir un jouet, il développe progressivement des réactions de protection qui suivent une séquence : il apprend d'abord à éviter les chutes vers l'avant en s'appuyant sur ses mains, pour ensuite faire de même sur les côtés. Enfin, il évite les chutes sur le dos en tendant ses mains vers le sol derrière lui.

Avec le temps, l'enfant réussit à passer de lui-même de la position couchée à la position assise et vice-versa.

Il se déplace par ses propres moyens

À mesure qu'augmente la maîtrise des muscles de son cou et de son tronc, l'enfant prend appui sur ses avant-bras quand il est couché sur le ventre. Puis, il commence à ramper sur l'abdomen, le ventre touchant le sol, à la manière d'un commando. Au début, il tourne souvent en rond et recule plus qu'il n'avance. C'est évidemment frustrant pour lui de s'éloigner de l'objet convoité, mais cela ne dure que quelques jours ou quelques semaines. Il faut savoir que certains enfants ne rampent jamais ; ils sautent cette étape.

Ensuite, le bébé redresse suffisamment le dos pour s'appuyer sur ses mains et, quand il parvient à soulever son arrière-train, il se retrouve en position quadrupède. Puis, il apprend à se déplacer à quatre pattes, ce qui lui apporte une perspective différente de son environnement ; il découvre l'envers de son décor habituel (dessous de la table, des chaises…). Ce mode de déplacement est très satisfaisant pour l'enfant : il gagne rapidement en habileté et en vitesse, et il peut se diriger là où il veut sans dépendre de personne. Certains trouvent ce mode de déplacement tellement satisfaisant qu'ils ne trouvent aucune utilité à s'efforcer de marcher. Il faut alors être patient.

Puis, l'enfant se met à genoux devant un banc ou un fauteuil. Ultérieurement, il utilisera cet appui pour se tirer afin de se mettre debout. À cette période, il arrive aussi que l'enfant se retrouve debout au milieu du salon sans savoir quoi faire. Cela peut aussi arriver en pleine nuit : il se réveille, se redresse en se tenant aux barreaux de son lit et ne sait pas comment faire pour se recoucher. Il n'a pas encore appris à se laisser tomber sur les fesses et s'en trouve souvent fort malheureux.

Il fait ses premiers pas

Vers 7 mois, l'enfant qu'on met debout, en le soutenant sous les aisselles, peut tenir cette position et soutenir son corps, mais il est encore loin d'être en mesure de faire ses premiers pas. Même lorsqu'il se tient seul, debout au milieu d'une pièce, il ne faut pas en conclure qu'il fera ses premiers pas dans les jours suivants. Avant ce grand événement, plusieurs semaines, voire quelques mois, peuvent s'écouler, pendant lesquels il commencera à se déplacer de côté, en se tenant aux meubles. Puis, soutenu par l'adulte des deux mains, il fera quelques pas. Son équilibre s'améliorant, une seule main pour l'assister suffira.

Enfin, le grand jour arrive : il fait ses premiers pas seul. Il a alors besoin de tenir ses jambes écartées l'une de l'autre (il écarte aussi les bras), car son équilibre est précaire et toute son attention est concentrée sur les pas à faire. Les chutes peuvent être nombreuses et elles sont l'occasion d'observer les différences de réaction d'un enfant à l'autre. L'un réagit vivement par des pleurs, tandis que l'autre ne montre aucune émotion. Le seuil de douleur et les réponses de chacun à diverses situations sont très variables. Les réactions de l'entourage influencent aussi celles de l'enfant. Si papa ou maman réagit exagérément à ses chutes, cela peut contribuer à le rendre craintif et à réagir lui-même fortement. Cela peut même restreindre son intérêt pour la marche.

L'apprentissage de la marche est un peu comparable à celui d'un apprenti conducteur qui doit, au début, concentrer toute son énergie sur les gestes à faire pour conduire son véhicule en toute sécurité ; quand les gestes requis deviennent automatiques, il peut ouvrir la radio tout en conduisant, parler à un passager, tout cela sans compromettre sa sécurité. De même, quand la marche devient automatique, qu'elle ne requiert plus toute l'attention consciente de l'enfant, celui-ci peut y associer une autre activité : il tire ou pousse un jouet sur roulettes, il transporte un objet. L'enfant doit attendre plus longtemps pour savoir transporter des liquides sans faire de dégât. Quelle adresse et quelle maîtrise du corps cela demande-t-il que de transporter un verre de jus sans en renverser une goutte !

En se déplaçant seul, à quatre pattes ou en marchant, l'enfant peut explorer son environnement par ses propres moyens : ainsi, il commence à prendre des initiatives et, d'une certaine façon, à devenir indépendant de ses parents. Le développement de la motricité globale donne donc à l'enfant la possibilité de s'affirmer peu à peu. Il n'a plus à attendre qu'on le place à tel endroit ; il peut s'y rendre par ses propres moyens. Il découvre des endroits qui, jusque-là, lui étaient inaccessibles. Cette nouvelle habileté requiert une surveillance étroite de la part de l'adulte pour assurer la sécurité de ce petit explorateur.

Il est de plus en plus habile

Ensuite, l'enfant commence à bouger sur de la musique, en suivant le rythme. À partir de 2 ans, ses habiletés motrices lui permettent de grimper, de sauter, de s'accroupir, de courir, de glisser, de frapper un ballon avec le pied. Toutefois, il tombe souvent et se cogne aux meubles. Il parvient à monter les escaliers, ce qui est plus facile que de les descendre ; cette dernière habileté viendra donc plus tard. On observe qu'au début, l'enfant monte les escaliers à quatre pattes. Puis, il le fait en étant tenu d'une main ou en se tenant à une rampe. Il ne peut encore alterner les pieds : il pose les deux pieds sur la même marche. Il descend d'abord les escaliers à quatre pattes en se retournant, puis debout en se tenant à une rampe, sans alterner les pieds. Vers 3 ou 4 ans, il devient plus habile : il peut monter et descendre les escaliers en alternant les pieds.

Les mois passant, l'enfant réussit à sauter de la dernière marche de l'escalier, à changer de direction en courant. Il apprend à conduire un tricycle : l'enfant se déplace alors sans toucher directement le sol et doit maîtriser non seulement son corps, mais aussi ce véhicule. L'utilisation du tricycle demande un bon équilibre, une coordination du corps suffisamment développée pour produire des mouvements différents aux bras et aux jambes, pour diriger le guidon tout en pédalant. L'enfant arrive à bien conduire son tricycle vers 3 ans. Il pourra apprendre ensuite à utiliser une bicyclette, qui est moins stable et donc plus difficile à manier. Des roues stabilisatrices fixées à l'arrière facilitent la transition du tricycle à la bicyclette.

L'enfant devient aussi plus habile dans les jeux de ballons et de balles. À 2 ans, il lance un ballon vers l'adulte avec ses deux mains, par un mouvement de tout le corps : son équilibre est précaire et son geste, peu maîtrisé. À 3 ans, il lance de mieux en mieux le ballon et l'attrape occasionnellement. Peu à peu, il apprend à maîtriser son geste et à fournir la force requise pour le lancer. Vers 5 ans, il tente de faire bondir le ballon d'une main.

Quant à la balle, dès l'âge de 2 ans il peut la lancer vers l'avant sans perdre l'équilibre et, vers 3 ans, tenter de viser une cible précise, sans toujours l'atteindre. Puis il apprend à lancer la balle par-dessus l'épaule (comme au baseball) et par en dessous (comme à la balle molle). Grâce à cette dernière habileté, il peut jouer au « jeu de poches », où on lance des sacs de sable sur une planche posée selon un certain angle sur le sol et percée de trous de différentes grandeurs.

Sa coordination s'améliorant, l'enfant parvient à maintenir son équilibre sur un pied pendant quelques secondes. On est loin du bambin qui devait écarter les jambes pour ne pas tomber quand il se retrouvait debout ! À partir de 4 ans, il prend plaisir à sauter sur un pied, à marcher sur les talons, puis sur le bout des pieds.

Vers l'âge de 5 ans, il essaie de sauter à la corde. Cette activité est extrêmement complexe pour l'enfant : il doit exécuter des mouvements différents des jambes et des bras, et les coordonner pour sauter au moment opportun. L'exercice exige à la fois une très bonne coordination de tout le corps et une grande attention de l'enfant qui doit faire les mouvements appropriés et de façon rythmée. Il n'est pas étonnant que cette activité ne soit vraiment réussie qu'après 6 ans.

À mesure que ses habiletés de coordination se raffinent, soit à compter de 4 ans, l'enfant est apte à apprendre des techniques de nage, comme le *crawl*. Cela ne signifie pas qu'il ne puisse apprécier des leçons de natation avant cet âge ; elles lui permettent de se familiariser avec l'eau, d'apprendre à se déplacer dans cet élément, d'accepter d'y plonger sa tête et de développer un intérêt pour cette activité.

Quelques précisions

L'immobilité : mission impossible

Tout au long de la période préscolaire, l'enfant a du mal à demeurer immobile pendant une longue période. Jouer « au mort » ou « au lion qui dort » (celui qui demeure immobile le plus longtemps gagne) peut permettre à l'enfant de calmer une énergie débordante, mais ne saurait l'intéresser longtemps.

Évidemment, ici aussi, des différences individuelles prévalent ; certains enfants sont de nature plus calme et d'autres ont un niveau d'activité plus élevé. Mais en général, l'enfant a beaucoup d'énergie et il a besoin de bouger. Certains adultes ont tendance à penser rapidement à de l'hyperactivité ou à un déficit de l'attention dès que l'enfant est quelque peu actif ou se désintéresse rapidement d'une activité. Ils devraient plutôt se demander si l'enfant a suffisamment d'occasions de se dépenser physiquement. Ayant libéré son énergie, il pourra plus facilement regarder calmement un livre. Des activités qui demandent constamment à l'enfant d'être sage ne répondent pas à tous ses besoins, dont celui de bouger, de courir et de se déplacer.

Saviez-vous que...

Les directives canadiennes en matière d'activité physique[1] recommandent que les nourrissons âgés de moins d'un an soient physiquement actifs plusieurs fois par jour par l'entremise de jeux interactifs au sol.

Les enfants de 1 à 4 ans devraient pratiquer au moins 180 minutes d'activité physique, peu importe l'intensité, réparties au cours de la journée. Monter les escaliers, jouer dehors, courir, danser, voilà des exemples d'activités qui contribuent à développer leur motricité et à les maintenir en santé.

Les enfants de 5 à 11 ans devraient quant à eux s'adonner à 60 minutes par jour d'activité physique d'intensité modérée à élevée.

Les accessoires : nécessité ou nuisance ?

On trouve sur le marché divers accessoires en lien avec la motricité globale des bébés. Sont-ils utiles, essentiels, nécessaires, souhaitables ou nuisibles au développement moteur de l'enfant ?

Un **parc** permet à l'enfant de jouer en toute sécurité et de dépanner ainsi le parent occupé. Toutefois, il faut savoir que le moment où l'on est davantage porté à y mettre

---

1. Voir www.csep.ca/francais/view.asp?x=804 [Consulté le 20 mai 2014].

l'enfant (soit quand il commence à se déplacer) correspond à celui où, au contraire, il a besoin d'élargir son espace. Il faut donc utiliser le parc de façon limitée. Toutefois, il peut devenir un lit tout à fait approprié quand on est en visite chez des amis. Pour qu'un parc soit sécuritaire, il doit avoir des mailles de filet de type moustiquaire ; les côtés doivent être stables et solides, et les clenches, bien fermées. Il faut penser à enlever tout tissu de type foulard qui pourrait étrangler l'enfant et tous les jouets sur lesquels l'enfant pourrait grimper et ainsi basculer à l'extérieur du parc.

La **balançoire automatique** est un accessoire coûteux que le bébé trouve agréable : en général, ce doux balancement lui plaît. Toutefois, malgré la stimulation de mouvement qu'il offre, le balancement ne favorise pas d'apprentissage sur le plan moteur. L'enfant apprend davantage et devient plus curieux si on le dépose sur un tapis et qu'on le laisse bouger. Mieux vaut donc limiter l'usage de cette balançoire à quelques minutes à la fois.

Le **sautoir**, ce genre de culotte suspendue à une structure à ressorts qu'on installe dans l'encadrement d'une porte, incite l'enfant à sautiller sur place. Il faut bien sûr que l'enfant contrôle bien les muscles de son dos avant de l'utiliser. Même si l'accessoire familiarise l'enfant avec la station debout, il ne contribue en aucune façon au développement de son équilibre ou à l'apprentissage de la marche. Il est donc peu utile et peu souhaitable pour l'enfant.

Le **centre d'activités stationnaire** ressemble à un déambulateur (marchette) sans roulettes. L'enfant y est assis, mais peut aussi se mettre debout, bondir, se balancer de côté et jouer avec les objets placés sur le plateau devant lui. L'enfant prend grand plaisir à y faire différents mouvements. Toutefois, il faut être vigilant et voir à ne pas placer le centre d'activités près des escaliers, des portes, des tables à café, des lampes, du foyer ou de tout autre appareil de chauffage. Sinon, l'enfant pourrait tomber ou saisir des objets avec lesquels il risque de se blesser ou de se brûler. L'enfant installé dans un de ces centres doit toujours être sous la surveillance de l'adulte.

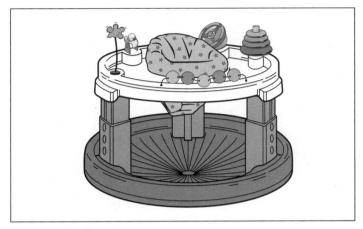

Centre d'activités stationnaire

Pour de courtes périodes de temps, ces divers accessoires ne présentent pas de dangers pour la sécurité physique de l'enfant, à condition que celui-ci soit sous la surveillance d'un adulte. Mais mieux vaut en contrôler l'usage pour éviter les excès qui, eux, peuvent être nuisibles à son développement moteur. Aucun de ces appareils ne saurait remplacer les exercices que l'enfant fait spontanément quand il est déposé sur un tapis et qui lui font découvrir le plaisir de son corps en mouvement.

Pour l'enfant plus vieux, il existe plusieurs accessoires en lien avec les déplacements. Malheureusement, ils sont souvent achetés trop tôt. Ainsi, la trottinette ne peut être utilisée de façon sécuritaire par un enfant de moins de 6 ou 7 ans quoiqu'il puisse la faire avancer dès l'âge de 4 ans, surtout si elle compte plus de deux roues. Quant aux patins à glace ou à roulettes et aux skis, ils requièrent la supervision des parents : mieux vaut les offrir quand l'enfant a suffisamment de coordination pour en apprendre l'usage, soit vers 4 ans ; sinon, il pourra se décourager et délaisser une activité qu'il aurait pu apprécier si elle lui avait été proposée à un âge plus approprié.

Le mot d'ordre : la sécurité[2]

Dès que l'enfant parvient à se déplacer par ses propres moyens, il faut veiller à lui offrir un environnement sans danger. En faisant le tour de la maison et, surtout, en vérifiant ce à quoi l'enfant a désormais accès, vous pourrez évaluer les dangers potentiels et y apporter les correctifs qui s'imposent. Il faut s'assurer que le jeune enfant ne se retrouve pas sans protection en haut d'un escalier : une sage précaution consiste à y installer une barrière fixée au mur. Il faut aussi prendre l'habitude de ne jamais laisser pendre du comptoir de cuisine un fil d'appareil électrique (bouilloire, grille-pain, fer à repasser). On doit aussi veiller à ce que les cordons de stores soient roulés et accrochés hors de la portée de l'enfant. Les prises de courant doivent être recouvertes de cache-prises pour éviter que l'enfant y insère de petits objets. Pendant les deux premières années, l'enfant n'a aucun sens du danger.

Quand il commence à marcher, mieux vaut remiser pour quelque temps les meubles instables ou sur roulettes : l'enfant pourrait être tenté de s'y appuyer et tomber. Il est également indiqué d'éliminer le petit tapis qui glisse sous les premiers pas de l'enfant ou une nappe qui recouvre une table et à laquelle il pourrait s'agripper. De même, il est prudent de mettre hors de sa portée les plantes ou les lampes posées sur une table basse ainsi que les disques compacts.

---

2. Pour plus de détails, consulter Francine Ferland. *Veiller à la sécurité de mon enfant.* Montréal : Éditions du CHU Sainte-Justine, 2010.

Influence des habiletés perceptives sur la motricité globale

Les diverses habiletés perceptives de l'enfant expliquées au chapitre précédent contribuent au développement de sa motricité globale. Ainsi, pour marcher, se déplacer harmonieusement, courir et coordonner les mouvements de son corps, il doit avoir bien intégré son schéma corporel. Sa perception visuelle l'aide à s'orienter dans l'espace, à évaluer les distances et à éviter les obstacles. Grâce à son système vestibulaire, l'enfant peut apporter les ajustements posturaux nécessaires pour maintenir sa position ou avoir des réactions de protection adéquates. Il faut donc qu'il développe la perception de son corps et de son environnement avant d'être en mesure de se déplacer harmonieusement dans l'espace.

Activités pour accompagner l'enfant dans son développement moteur global

De la naissance à 1 an: si on jouait à bouger?

▸ Faire un mouvement de pédalage avec les jambes du bébé au moment des changements de couche; ce mouvement alterné, expérimenté ici passivement, lui permet de prendre conscience de ses jambes.

▸ Comme le bébé est généralement couché sur le dos dans son lit, il peut manifester son désaccord les premières fois qu'on le couche sur le ventre, par terre. Au début, il a de la difficulté à relever la tête dans cette nouvelle position. À vous de capter son attention et son intérêt en vous plaçant face à son visage et en l'invitant à vous regarder, donc à redresser la tête et à contrer la gravité. Des attraits visuels — des jouets posés devant lui ou un miroir incassable fixé au mur à sa hauteur — l'inciteront aussi à lever la tête.

▶ Dès qu'il réussit à relever la tête du tapis alors qu'il est couché sur le ventre, inciter le bébé à regarder un jouet que vous tenez sur le côté ou au-dessus de sa tête. Ce sera peut-être l'occasion pour lui de se retourner sur le dos pour la première fois.

▶ Plus tard, profiter d'un moment où il est couché sur le dos pour l'inciter à se tourner sur le ventre en déposant des objets attirants à quelques centimètres au-dessus de sa tête, d'un côté et de l'autre. Pour mieux voir ces objets, l'enfant renversera la tête vers l'arrière et tendra son bras vers ces objets, ce qui l'amènera à tourner sur lui-même.

▶ Quand il maîtrise bien les mouvements de sa tête et de son tronc, l'asseoir sur le sol entre vos cuisses, en le tenant par les hanches, et le balancer tout doucement vers la gauche, vers la droite et vers l'avant. Cette activité (qui est beaucoup plus agréable si vous chantez en même temps) l'incite à développer ses réactions de protection et à faire les ajustements posturaux nécessaires pour maintenir son équilibre.

▶ Faire la même activité, en le tenant toujours par les hanches, mais cette fois en étant assis sur une chaise, l'enfant posé sur l'un de vos genoux avec ses jambes de chaque côté.

▶ En position assise, les jambes croisées, asseoir l'enfant sur votre pied et le faire sautiller en le tenant par les aisselles s'il maîtrise bien sa tête, ou par les mains s'il maîtrise aussi son tronc. Ce jeu du petit cheval qui galope doucement plaît bien à l'enfant. *Ne pas faire cette activité, pas plus que les deux précédentes, si l'enfant ne contrôle pas sa tête.*

▶ Danser avec l'enfant dans vos bras lui offre une agréable expérience de mouvement.

▶ En position debout, le tenant sous les aisselles, vos mains croisées sur sa poitrine, le balancer entre vos jambes de l'avant vers l'arrière : c'est le jeu de la cloche, qui devient plus amusant s'il est accompagné d'un *ding-dong* rythmé.

▶ Lors des premières expériences de l'enfant en position assise, déposer des jouets devant lui. En se penchant vers l'avant pour les saisir et en étendant les mains devant lui, il apprendra rapidement à se protéger des chutes vers l'avant. Une fois cette protection acquise, poser les jouets de chaque côté pour l'inciter à développer ses réactions de protection de côté.

▶ Déposer quelques coussins sur le sol. En s'exerçant à passer par-dessus, l'enfant améliore sa marche à quatre pattes et sa coordination.

▶ Faire rouler un ballon vers l'enfant assis par terre et l'inviter à le faire rouler vers vous.

De 1 à 3 ans : si on explorait ?

▶ Pour faciliter ses premiers déplacements debout, lui fournir une boîte de carton rigide et résistante, assez haute pour qu'il s'y appuie avec les mains. En la poussant, il avancera tout doucement et se sentira plus rassuré. Une chaise peut aussi faire l'affaire. Pour éviter que la boîte (ou la chaise) n'avance trop vite, il peut être utile d'y déposer un objet lourd, tels un bottin téléphonique ou une pile de livres.

▶ Lui montrer à imiter le mouvement de l'avion avec ses bras en marchant.

▶ Lui permettre de courir, de grimper sur un fauteuil par ses propres moyens, de s'exercer à monter et à descendre les escaliers, bref l'encourager à explorer son environnement.

▶ L'amener au parc : il aimera expérimenter les balançoires et les glissoires.

▶ L'amener faire une promenade dans les bois où le terrain est inégal.

▶ Lui faire expérimenter divers mouvements dans l'eau (lac, piscine, mer) : marcher, essayer de courir, de sauter.

▸ L'initier à divers jeux de ballon : le lancer, l'attraper, le faire rouler vers un but, le frapper avec le pied.

▸ Jouer à cache-cache dans la maison : l'enfant devra se déplacer rapidement, s'accroupir, mettre à profit la connaissance de son schéma corporel pour se cacher (au début, il aura l'impression que vous ne pouvez le voir si sa tête est cachée — même si tout le reste de son corps est à découvert — puisque lui-même ne vous voit pas).

De 3 à 6 ans : si on faisait des expériences ?

▸ L'initier à des jeux de ballon plus complexes : le lancer, l'attraper, viser un but, le faire bondir.

▸ Jouer à la balle (ce qui est plus difficile que de jouer au ballon puisque la balle est plus petite) : la lancer, l'attraper, viser un but.

▸ L'inviter à faire avec vous une marche militaire sur une musique rythmée. Il pourra même battre la mesure en frappant avec une cuillère de bois sur un bol en plastique renversé. Pour stabiliser son *tambour*, vous pouvez percer deux trous à la base du bol pour y insérer une corde qu'il enfilera autour de son cou.

▸ Proposer une course à obstacles, ce qui lui demande de planifier ses mouvements et de se déplacer rapidement tout en conservant son équilibre. Par exemple : « Tu passes entre ces deux chaises, puis sous la table et tu sautes sur place ».

▸ S'amuser à faire la marche des animaux : celle de la grenouille qui sautille en s'appuyant sur ses mains, les genoux ramenés vers le corps ; du serpent qui se traîne sur le ventre en se tirant avec les bras ; de l'ours qui avance en utilisant le bras et la jambe du même côté, puis les membres de l'autre côté ; du chien qui le fait en alternant un bras, puis la jambe du côté opposé, l'autre bras et l'autre jambe.

‣ Dans une piscine ou un lac, s'amuser à se coucher sur le dos ou à aller sous l'eau. Et pourquoi ne pas lui offrir des cours de natation ?

‣ Pour parent bricoleur : fabriquer des échasses qui sollicitent l'équilibre de l'enfant tout autant que la coordination de tout son corps. Comme matériaux de base, il suffit d'avoir deux grosses boîtes de conserve ou deux vieux contenants de peinture percés d'un trou de chaque côté, dans le haut. Insérer une corde dans les trous et l'attacher avec un nœud servant de poignée. Ajuster ensuite la longueur de la corde à la taille de l'enfant. En montant sur ces boîtes et en tenant les deux cordes tendues, l'enfant se déplace en avançant alternativement ses jambes. Plaisir assuré pour l'enfant de 4 ou 5 ans.

‣ Jouer aux consignes en lien avec les parties du corps : «Mets ton bras en haut et lève une jambe ; mets tes mains sur tes genoux... ».

‣ Faire le jeu du miroir. Vous placer devant l'enfant et lui demander d'imiter vos gestes : main droite sur la tête, mains aux hanches, main gauche sur l'oreille. L'enfant étant placé devant vous, si vous utilisez votre main droite, il devra prendre sa main gauche.

‣ Jouer aux quilles en utilisant des bouteilles de plastique vides (savon, eau...) que l'enfant tentera de faire tomber avec une balle. Si les bouteilles sont trop instables, y verser un peu de sable. Ce jeu demande à l'enfant de bien coordonner les deux côtés de son corps, de garder son équilibre lors du lancer de la balle et de faire un mouvement précis pour atteindre la cible.

‣ Lui montrer à faire des culbutes.

‣ Utiliser une carpette comme tapis magique. L'enfant à quatre pattes tente de le faire avancer par frottement. Il étend les deux mains vers l'avant, puis glisse sur les genoux, et tend à nouveau le tapis avant de poursuivre sa balade. Faites-en l'essai. Vous vous rendrez compte que cette activité demande une bonne coordination de tout le corps.

▶ Imaginer une promenade sur l'eau parmi les alligators. L'activité exige de l'enfant de bien contrôler ses déplacements dans l'espace. Des assiettes de carton représentent les roches grâce auxquelles on peut échapper aux alligators qui fourmillent. L'enfant doit se déplacer d'une roche à l'autre pour traverser la rivière infestée.

▶ Pour imiter le funambule ou l'acrobate, inciter l'enfant à marcher sans « tomber » sur une corde déposée à même le plancher ou à sauter par dessus la corde sans la toucher.

Tableau synthèse
Le développement de la motricité globale[3]

De la naissance à 6 mois	**Couché sur le dos**
	› Il tourne la tête sur les côtés.
	› Il maintient sa tête au centre.
	› Il s'amuse à faire des mouvements de pédalage.
	› Il joue avec ses pieds.
	Couché sur le ventre
	› Ses bras et ses jambes sont fléchis sous lui.
	› Il tourne la tête sur les côtés.
	› Il soulève sa tête quelques instants.
	› Il prend appui sur son ventre et ses avant-bras.
	› Il soulève la tête et redresse le dos, en s'appuyant d'abord sur le ventre, puis sur ses avant-bras et, enfin, sur ses mains.
	Contrôle de tête et début de position assise
	› Il contrôle bien sa tête dans vos bras.
	› Il maîtrise bien sa tête dans toutes les positions.
	› Tout d'un bloc, il commence à se retourner du ventre au dos, puis du dos au ventre.
	› Il tient en position assise quelques secondes avec du soutien.

3. Dans ce tableau, pour chaque groupe d'âge, les habiletés sont présentées selon la séquence habituelle de développement.

De 6 à 12 mois	› Il se retourne du ventre au dos puis du dos au ventre de façon segmentaire. › Il maîtrise de mieux en mieux la position assise : il se protège des chutes vers l'avant (6-7 mois), de côté (8-9 mois), vers l'arrière (10 mois). › Couché sur le ventre, il se redresse pour s'asseoir en prenant appui sur un côté et en s'aidant de son bras. › Il fait de même quand il est couché sur le dos. › Il rampe sur l'abdomen, à la manière d'un commando. › Il soutient le poids de son corps quand on le met en position debout. › Il se déplace à quatre pattes. › Il passe de la position assise à la position à genoux, en s'appuyant sur un fauteuil. › Il se met debout en se tenant aux gens et aux meubles. › Il se déplace de côté en se tenant aux meubles. › Il fait quelques pas s'il est tenu des deux mains. › Il fait quelques pas s'il est tenu d'une main.
De 1 à 2 ans	› Il fait ses premiers pas sans aide. › Il pousse ou tire un jouet à roulettes en marchant. › Il transporte un objet. › Il monte les escaliers à quatre pattes. › Il bouge au rythme de la musique. › Il peut s'accroupir et se relever en gardant son équilibre. › Il grimpe sur une chaise d'adulte. › Il monte les escaliers, sans alterner les pieds et en tenant la rampe. › Il descend les escaliers à quatre pattes, à reculons. › Il commence à courir.
De 2 à 3 ans	› Il peut tenir la position accroupie. › Il descend l'escalier seul, en se tenant à la rampe et sans alterner les pieds. › Il court, grimpe, glisse. › Il sautille sur place les deux pieds ensemble. › Il peut transporter un gros objet en marchant, tel son ourson. › Il frappe un ballon avec le pied. › Il lance un ballon avec ses deux mains et un mouvement de tout le corps. › Il lance une balle vers l'avant sans tomber. › Il monte et descend les escaliers une marche à la fois.

De 3 à 4 ans	› Il dirige bien son tricycle. › Il court avec plus de grâce. › Il monte et descend les escaliers en alternant les pieds. › Il lance et attrape le ballon avec plus d'adresse. › Il lance une balle vers une cible. › Il commence à tenir en équilibre sur un pied pendant quelques secondes.
De 4 à 5 ans	› Il lance et attrape une balle. › Il peut apprendre des techniques de nage. › Il saute sur un pied. › Il fait des sauts en hauteur. › Il marche sur les talons, sur le bout des pieds. › Il conduit une bicyclette munie de roues stabilisatrices. › Il lance le ballon avec plus de force. › Il coordonne mieux ses mouvements. › Il peut lancer la balle par-dessus l'épaule ou par en dessous.
De 5 à 6 ans	› Il essaie de sauter à la corde. › Il commence à faire bondir un ballon d'une main. › Il est plus agile et gracieux dans ses mouvements. › Il court comme un adulte. › Il conduit une bicyclette.

CHAPITRE 4

De mains malhabiles à mains agiles

L'enfance a des manières de voir, de penser, de sentir qui lui sont propres ; rien n'est moins sensé que d'y vouloir substituer les nôtres.

J.-J. Rousseau

Si les enfants devenaient ce qu'en attendent ceux qui leur ont donné la vie, il n'y aurait que des dieux sur la terre.

A. Poincelot

La motricité fine concerne les membres supérieurs (bras et mains) et permet la manipulation, la préhension et l'utilisation des objets. Associée à la vision, elle favorise chez l'enfant le développement de la coordination œil-main. La motricité fine permet à l'enfant d'entrer en contact tant avec les objets qu'avec les gens.

Déjà dans l'utérus, le fœtus explore son environnement avec les mains ouvertes ; il peut agripper et relâcher le cordon ombilical, sucer son pouce. Cette main, qu'il apprendra progressivement à contrôler, contient 27 os et 18 muscles.

Voyons plus en détail comment l'enfant en arrive à être habile avec ses mains au point de pouvoir utiliser un crayon ou des ciseaux.

Au cours des premiers mois, le bébé a les poings fermés la plupart du temps, mais il peut tenir un objet que l'on dépose dans sa main. Cela n'est toutefois pas volontaire : il s'agit du réflexe d'agrippement, qui persiste environ jusqu'à 3 ou 4 mois. L'enfant porte également son poing à sa bouche ; il suce parfois ses doigts. Ce dernier geste, tout en le renseignant sur sa main, lui permet de se consoler lui-même, par exemple en attendant d'être nourri.

Il prend les objets dans ses mains

Vers 4 mois, l'enfant commence à vouloir saisir les objets. Si on lui présente un jouet, il tend les deux mains pour le prendre. Il tente aussi d'attraper un objet déposé près de lui en grattant la surface sur laquelle repose cet objet : il essaie de l'amener dans sa paume, le pouce étant peu actif. C'est la préhension palmaire. Une fois qu'il réussit à saisir l'objet, il le ramène au centre de son corps et utilise ses deux mains pour le manipuler.

En prenant les objets dans ses mains, l'enfant enregistre leur grosseur et leur poids et, graduellement, il apprend à ajuster son action en conséquence : il adapte l'ouverture de sa main à la grosseur des objets, ajuste la force et la pression à leur poids. En saisissant des objets de différentes formes, il développe divers modes de préhension : il saisit un cube par le bout de ses doigts, un objet rond en arrondissant les doigts pour prendre l'objet dans sa paume, il tient son biberon à deux mains comme un cylindre, il retient une plaquette de bois entre ses quatre doigts opposés au pouce.

Vers 6 mois, l'enfant prend plaisir à agiter un hochet et à toucher les objets pour les faire bouger : jouet à bascule, mobile. Quelque temps plus tard, l'enfant fait passer un objet d'une main à l'autre, un cube par exemple. Puis il saisit deux objets à la fois, un dans chaque main. Par la suite, grâce à une meilleure coordination, l'enfant arrive à frapper deux objets ensemble. Vers l'âge de 10 mois, il réussit à taper des mains. Il aime pratiquer différents gestes sur un tableau d'activités : faire tourner un cylindre, faire glisser un objet sur un rail, presser un bouton avec la paume...

Tout au long de sa première année, l'enfant apprend progressivement à dissocier ses doigts. Au départ, il utilise tous ses doigts ensemble puis, vers l'âge de 9 mois, il parvient à isoler l'index. Alors, il saura pointer une image dans un livre, faire rouler le cadran d'un téléphone jouet ou presser une sonnette. On remarque également cette nouvelle capacité à utiliser ses doigts séparément par l'opposition pouce-index, qui lui permet de saisir de petits objets. Dès lors, il devient important de surveiller attentivement le *terrain de jeu* de l'enfant et de s'assurer qu'aucune pièce de monnaie, épingle ou petite pièce de jouet n'y traîne, car l'enfant peut s'en saisir et la porter à sa bouche.

Il relâche volontairement les objets

Au cours du dernier trimestre de la première année, l'enfant développe une habileté très importante, qui consiste à tourner le poignet pour amener la paume de sa main vers le haut ou vers le bas. La capacité de tourner le poignet vers le bas lui permet de saisir la cuillère avec plus de précision, mais elle lui sert aussi à relâcher les objets.

Ce n'est que vers l'âge de 9 mois que l'enfant relâche volontairement les objets. Avant, le relâchement n'est pas une action consciente ; l'enfant ouvre la main pour saisir un objet, laissant tomber sans s'en rendre compte celui qu'il tenait. Désormais, le relâchement devient un geste volontaire de l'enfant. Pour y parvenir, il doit apprendre non seulement à tourner sa main vers le bas, mais aussi à relâcher ses doigts de l'objet. Alors, il a grand plaisir à exploiter cette nouvelle capacité, par exemple en laissant tomber des objets dans un contenant, en le vidant et en recommençant inlassablement. Avec le temps, son geste devient plus précis et il arrive à le faire même dans un petit contenant.

L'enfant est de plus en plus habile à saisir des objets et à les relâcher, ce qui ouvre la voie à l'échange avec les autres. À partir du moment où il est en mesure non seulement de tenir un objet dans ses mains, mais aussi de le relâcher, il peut l'offrir à quelqu'un en tendant le bras ou prendre dans sa main celui qui lui est offert.

Il développe sa dextérité

Progressivement, l'enfant a moins besoin de se concentrer sur les mouvements à faire et en arrive à contrôler les gestes de ses mains, qui deviennent plus précis, plus fluides et plus automatiques. Puis, une nouvelle habileté apparaît vers 9 mois, soit celle de traverser la ligne médiane de son corps, une sorte de ligne imaginaire allant de la tête aux pieds et qui divise le corps en deux : le côté droit et le côté gauche. On peut observer cette habileté quand l'enfant commence à saisir un objet placé à gauche de lui avec sa main droite. Auparavant, il saisissait les objets placés à sa gauche avec sa main gauche et vice-versa. C'est un acquis important que de pouvoir croiser la ligne médiane du corps, car cela signifie que l'enfant commence à dissocier les deux côtés. Cette habileté lui permet de réaliser des activités de plus en plus complexes et, ultérieurement, d'utiliser chacune de ses mains pour des actions différentes.

Voyons différentes activités qu'il arrive peu à peu à pratiquer. Certaines requièrent un geste précis d'une seule main, comme d'insérer une pièce de monnaie dans une tirelire ou de déposer un bloc sur un autre, ce que l'enfant peut faire quelques mois après son premier anniversaire. Dès lors, commence sa carrière de constructeur de tours qui deviendront de plus en plus hautes avec les années. Pour de tels gestes de précision, il doit faire preuve d'une bonne coordination œil-main, c'est-à-dire qu'il doit coordonner à la fois la trajectoire visuelle et le mouvement précis de la main. C'est aussi le cas quand il tente d'insérer de gros anneaux sur une tige.

Pour d'autres activités, les deux mains font les mêmes gestes, par exemple pour tenir un ballon ou son ourson sur son ventre, mais nombreuses sont les activités qui requièrent un usage différent des deux mains. C'est vers 18 mois que cette habileté à utiliser les deux mains de façon indépendante et pour des fonctions différentes se développe, soit au moment où les deux côtés de son corps deviennent mieux intégrés. Alors, une main stabilise l'objet pendant que l'autre le manipule. Ainsi, l'enfant arrive à tenir un livre d'une main et à utiliser l'autre pour tourner les pages, à stabiliser sa feuille d'une main afin de faire des gribouillis de l'autre et, plus tard, à enfiler de grosses billes de bois sur une corde avec une main tandis que l'autre tient la corde. Ultérieurement, l'enfant peut tenir un pot de pâte à modeler d'une main et l'ouvrir de l'autre, verser du liquide d'un pichet en tenant le verre de l'autre main, tenir un pot d'une main et visser et dévisser le couvercle de l'autre.

Jusqu'à ce que les deux côtés de son corps soient bien intégrés, l'enfant fait souvent des gestes associés : quand il saisit un objet d'une main, l'autre main fait le même geste. Vers l'âge de 18 mois, la plupart de ces mouvements involontaires disparaissent ; on peut toutefois les voir réapparaître occasionnellement, lors de nouveaux gestes complexes qui demandent un effort, par exemple quand il apprend à ouvrir et à fermer les ciseaux d'une main. Alors, on peut voir des réactions associées à la bouche ; l'enfant l'ouvre et la ferme, en suivant les mouvements des ciseaux.

Certaines activités exigent un mouvement similaire des deux mains, mais en alternance. Ainsi, quand l'enfant joue avec deux baguettes sur son xylophone, il frappe d'abord les lames d'une main puis de l'autre. L'enfant devra faire de tels gestes en alternance quand il sera à l'école et qu'il utilisera l'ordinateur pour ses travaux.

Jusqu'à l'âge de 5 ans, il développe aussi diverses habiletés de motricité fine qui sont requises dans ses activités quotidiennes : tourner une poignée de porte, tenir un savon mouillé, boutonner un vêtement, ouvrir un tube de dentifrice. À mesure que sa dextérité se raffine, l'enfant apprend à utiliser des outils de plus en plus complexes.

Il utilise des outils

Dans le développement de la motricité fine, l'utilisation d'outils constitue une nouvelle étape qui requiert de l'enfant une plus grande habileté que lorsqu'il se sert directement de sa main. En effet, il doit non seulement tenir l'outil, mais aussi le maîtriser suffisamment pour réussir l'activité. Jusque vers 9 mois, l'enfant préfère agir avec sa main. Puis, au cours des mois (et des années), sa coordination œil-main se raffine, tout comme son utilisation d'outils.

Craie, crayon, pinceau

Vers 18 mois, l'enfant commence à gribouiller et donc à utiliser une craie de cire (ou un gros crayon-feutre). Dans ses premiers essais pour produire des traits, le mouvement pour gribouiller s'exécute avec tout le bras. L'épaule est active, de même que le coude, le poignet et les doigts. Avec le temps, le mouvement se concentre surtout au poignet et aux doigts, sans que l'épaule ou le coude bouge.

La façon de saisir la craie évolue aussi. De la préhension à pleine main, l'enfant passe graduellement à la tenue de la craie entre les doigts et le pouce. Plus tard, vers 4 ans, à mesure qu'il réussit à bien dissocier ses doigts, il en arrive à tenir la craie comme un adulte, entre le pouce et l'index, appuyée sur le majeur ou alors à trois doigts, l'index et le majeur opposés au pouce. Une préhension de plus en plus basse, donc de plus en plus près du papier, témoigne d'un meilleur contrôle moteur et facilite l'écriture.

La perception tactile de l'enfant l'aide à utiliser une craie de cire efficacement, lui permettant de bien la sentir dans sa main et d'appliquer une pression adéquate sur le papier, sans toutefois le déchirer ni briser la craie. Quant à sa perception visuelle, elle lui permet d'évaluer l'espace dont il dispose.

La craie peut ensuite être remplacée par un crayon, plus difficile à tenir puisque de plus petit diamètre. Quant au pinceau, il est encore plus complexe à utiliser, car il ne permet pas de maîtriser le trait aussi bien qu'un crayon. L'utilisation de plus en plus habile de la craie ou du crayon amène l'enfant à colorier.

Un mot sur le coloriage

Pour colorier, l'enfant doit maîtriser son geste. Il ne faut pas s'attendre à ce que le jeune enfant soit capable de respecter les lignes : au début, il s'amuse à remplir le dessin de couleur sans en respecter les contours. Un pourtour plus large autour des objets à colorier facilite l'activité. Vers 4 ans, l'enfant réussit à mieux contrôler son geste et à le limiter à l'intérieur du dessin.

À mesure qu'il vieillit, les traits peuvent être plus raffinés et les détails, plus précis. Comparé au dessin, le coloriage est principalement une activité motrice et laisse peu de place à l'imagination.

Ciseaux

Les ciseaux sont un autre outil que l'enfant apprend à utiliser. Les premiers modèles à offrir à l'enfant doivent, bien sûr, être à bouts ronds. L'apprentissage n'est pas simple : pour y parvenir, l'enfant doit ouvrir les ciseaux, les avancer sur le papier et les refermer, les ouvrir à nouveau, les avancer dans l'entaille et recommencer. Lors de ses premiers essais, il tient souvent les ciseaux à deux mains et pratique le geste qui consiste à ouvrir et à fermer les ciseaux ; tandis que l'adulte tient la feuille à la verticale, l'enfant peut y faire des entailles.

Puis, tenant la feuille à l'horizontale d'une main et les ciseaux de l'autre, l'enfant peut y faire des franges, répétant ainsi le geste de base du découpage : ouvrir, avancer, fermer les ciseaux. Il parvient ensuite à traverser une bande de papier, puis à découper en ligne droite. Le découpage des formes géométriques vient plus tard : d'abord des formes arrondies, puis des formes avec des angles, comme le carré ou le triangle. Enfin, il arrive à découper le contour d'une forme irrégulière. Voilà un bel exemple de séquence dans le développement d'une habileté.

Est-il gaucher ou droitier ?

La prédominance d'une main ou de l'autre est le résultat d'une latéralisation du cerveau, soit une spécialisation progressive des hémisphères cérébraux, l'hémisphère gauche prédominant chez les droitiers et l'hémisphère droit chez les gauchers. Ce n'est pas avant l'âge de 4 ou 5 ans que la latéralité est bien établie chez l'enfant.

On peut avoir l'impression de savoir très tôt si l'enfant est gaucher ou droitier parce qu'il utilise l'une de ses mains plus souvent que l'autre. Nous l'avons dit, tout jeune, l'enfant ne croise pas la ligne médiane de son corps : il saisit les objets placés à sa gauche avec sa main gauche et les objets placés à sa droite avec sa main droite. Alors si on lui présente toujours les objets à sa droite, il utilisera cette main pour s'en saisir. Il ne faudrait pas en conclure qu'il manifeste déjà une préférence pour sa main droite. Il suffit de répéter l'expérience de l'autre côté pour se rendre compte qu'il utilise l'autre main.

Quand il parvient progressivement à croiser la ligne médiane de son corps, vers 9 mois, on peut alors identifier la préférence manuelle de l'enfant, en observant la main qu'il utilise spontanément pour saisir les objets, pour prendre en main un objet placé du côté opposé ou pour saisir un jouet placé devant lui au centre de son corps.

Cette préférence manuelle est un premier indice, mais il faut encore attendre quelques années, soit jusqu'à 4 ou 5 ans, avant l'établissement définitif de sa latéralité.

Généralement, la main dominante est utilisée pour les tâches qui demandent de la précision : manger, dessiner, insérer un morceau de casse-tête, boutonner un vêtement. Il vaut mieux considérer la main utilisée pour ces activités pour déterminer la latéralité de l'enfant plutôt que de retenir la fréquence d'utilisation de l'une de ses deux mains. Quant à la main non dominante, elle devient habile à soutenir l'action de la main dominante, telle une assistante.

L'enfant parvient à distinguer sa main droite de sa main gauche vers l'âge de 5 ans, mais il lui faudra 2 ou 3 ans de plus pour comprendre que la main droite de la personne placée en face de lui se trouve sur sa gauche à lui et qu'un arbre placé à la droite du chemin à l'aller se retrouve à sa gauche au retour.

La latéralité concerne aussi l'œil, l'oreille et le pied. Pour connaître la prédominance de l'œil de votre enfant (ou la vôtre), vous pouvez enrouler un papier à la manière d'une longue-vue (comme celle d'un pirate) et, le tenant à deux mains, le tendre à l'enfant devant lui en l'invitant à regarder un objet à travers cette lunette d'approche improvisée. S'il dirige toujours le rouleau vers le même œil, c'est que la latéralité de son œil est établie. Pour vérifier la dominance de l'oreille, on demande à l'enfant d'écouter le bruit d'un coquillage, d'une montre, d'un réveille-matin. Pour identifier celle du pied, on observe celui avec lequel l'enfant frappe un ballon, ou sur lequel il peut tenir le plus longtemps en équilibre. La dominance n'est pas toujours du même côté pour la main, l'œil, l'oreille ou le pied. Peut-être visez-vous vous-même une cible avec l'œil gauche, alors que vous êtes droitier pour la main.

On estime à 16 % la proportion de gauchers dans le monde[1]. Si c'est le cas de votre enfant, il partage un trait commun avec Beethoven, Léonard de Vinci, Michel-Ange,

---

1. Voir www.lesgauchers.com/gauchers-16-de-gauchers_11_334.html [Consulté le 23 novembre 2013].

Charlie Chaplin, Paul McCartney, Paul Verlaine, Bill Gates et
Barack Obama[2]. Qu'il ait ou non une carrière prestigieuse
devant lui, il faut penser lui offrir des outils adéquats,
comme des ciseaux de gaucher à bouts ronds. Il existe aussi
des sous-mains conçus pour l'enfant gaucher d'âge préscolaire, pour lui indiquer la bonne position de la feuille,
de la main et du corps.

Influence des habiletés perceptives et de motricité globale sur le développement de la motricité fine

Nous l'avons vu, le système visuel joue un rôle capital pour
inciter l'enfant à saisir des objets. Ce système le renseigne
sur la grosseur et la forme de l'objet, ce qui l'aide à adapter
son mode de préhension. La perception du poids de l'objet
dont l'enfant prend conscience par le toucher l'amène à
déployer la force nécessaire pour ne pas l'échapper. De
même, son système tactile l'aide à utiliser la pression
appropriée pour dessiner sur du papier ou pour tenir dans
ses mains un savon mouillé.

Bien sûr, pour utiliser adéquatement ses mains, l'enfant
doit avoir intégré les différentes parties de son corps et leur
fonctionnement. Il faut également une bonne stabilité dans
la position de base pour que l'enfant se serve de ses mains.
Par exemple, s'il est assis, il doit pouvoir maintenir cette
position, malgré les mouvements de ses bras. La motricité
globale contribue donc, elle aussi, au développement des
habiletés de motricité fine.

Activités pour accompagner l'enfant dans son développement moteur fin

Comme les premières habiletés pour saisir les objets se
manifestent vers l'âge de 4 mois, les activités suggérées ici

---

2. Voir www.lesgauchers.com/gauchers-top-100-des-gauchers-celebres_62_1026.
html [Consulté le 11 novembre 2013].

commencent aussi à cet âge. Avant que l'enfant fasse ses premières tentatives de préhension, on suscite son intérêt visuel avec des jouets colorés qui sont intéressants à regarder.

De 4 mois à 1 an

▶ Mettre à la portée de l'enfant des jouets faciles à saisir. Il peut s'agir de hochets, de jouets de dentition ou de tout objet non dangereux. En tentant de les toucher, puis de les saisir, l'enfant pratique sa coordination œil-main. Il est davantage attiré par un objet qui réagit à son action, par exemple un hochet musical : il voudra répéter son geste pour obtenir à nouveau une réaction.

▶ Mettre à sa portée des objets de formes et de tailles différentes : blocs de bois, cylindres, objets ronds… En les saisissant, l'enfant apprend graduellement à adapter sa préhension à la forme des objets et il utilise ses doigts de différentes façons.

▶ En prenant ses mains dans les vôtres, les frapper ensemble en chantant, ce qui l'incite à réunir ses mains au centre de son corps.

▶ Lui apprendre à faire bravo en tapant des deux mains ou à faire au revoir d'une main.

▶ Lors du changement de couche, croiser ses bras sur sa poitrine : cet exercice aide l'enfant à prendre conscience des deux côtés de son corps.

▶ Quand il est capable de relâcher volontairement les objets, lui fournir un contenant dans lequel il prendra plaisir à déposer divers objets, à les ressortir et à recommencer.

▶ L'inviter à tourner les pages d'un livre cartonné.

▶ L'inciter à pointer du doigt des objets familiers ou ce qu'il désire : « Montre-moi ton ourson », « Qu'est-ce que tu veux, ceci ou cela ? ». De la sorte, on incite l'enfant à développer son langage gestuel et à dissocier son index des autres doigts.

▶ Pour l'inciter à ramener son index contre son pouce (ce qui lui est utile pour saisir de très petits objets), peindre un visage (un cercle pour la tête et deux points pour les yeux) sur l'index de l'enfant et un chat sur son pouce (même dessin auquel on ajoute des moustaches). En disant à l'enfant que le chat veut donner un bisou à son ami, vous l'invitez à ramener son pouce contre son index. Faire le bruit d'un bisou quand il y parvient l'aide à mieux comprendre le jeu. On peut faire ce même jeu avec des marionnettes à doigts. Quand l'enfant est plus vieux, on peut reprendre ce jeu pour l'inciter à dissocier chacun de ses doigts. On dessine alors le visage sur tous les doigts (ou on utilise 5 marionnettes à doigts) et on lui dit que tous veulent successivement donner des bisous au chat.

De 1 à 3 ans

▶ Faire des bulles de savon, les récupérer sur le support et inviter l'enfant à les crever avec son doigt, ce qui fait intervenir sa coordination œil-main.

▶ Fabriquer une tirelire avec une boîte à chaussures dont on perce le couvercle d'une fente ou d'un trou. L'enfant peut y insérer des cartons de couleur ou de petits objets. Pour les ressortir, il doit utiliser une autre habileté qui consiste à ouvrir la boîte, puis la refermer.

▶ Utiliser un contenant de plastique renversé en guise de tambour et inviter l'enfant à le frapper avec une baguette (cuillère de bois). Si l'enfant utilise deux cuillères, il s'exerce alors à faire des gestes simultanés ou alternés.

▶ Dans le bain, à l'aide de divers contenants, inviter l'enfant à verser, à remplir, à transvaser l'eau d'un contenant à l'autre.

▶ Empiler des blocs pour faire des tours, des trains, des ponts, des maisons.

▶ Faire de la peinture avec les doigts sur une grande feuille déposée sur une table. Il faut bien sûr un tablier pour l'enfant et de la patience pour le nettoyage qui suit, mais l'expérience vaut la peine d'être vécue quand on voit le plaisir que prend l'enfant à faire des chemins avec ses doigts ou à imprimer sa main sur la feuille.

▶ Mettre à sa disposition des craies de cire tout en l'incitant à gribouiller et afficher ses œuvres sur le réfrigérateur pour lui montrer votre fierté.

▶ Jouer avec de la pâte à modeler : l'enfant pratique alors divers gestes comme écraser avec la main, rouler en boudins, faire des boules.

De 3 à 6 ans

▶ Inviter l'enfant à faire lui-même des bulles de savon et à les récupérer sur le support. Pour réussir, il doit coordonner son geste afin d'insérer l'anneau dans le contenant de savon qu'il tient de l'autre main, souffler ensuite et être assez habile et rapide pour attraper les bulles sur le support. Beaucoup d'apprentissage en vue !

▶ Mettre à sa disposition des ciseaux à bouts ronds lui permettant d'en apprendre l'usage (traits, franges…). Les premiers essais peuvent être tentés vers 2 ans et demi.

▶ Lui fournir des épingles à linge pour faire sécher les vêtements de ses figurines sur une corde. Auparavant, il devra tordre ces vêtements pour en faire sortir l'eau. Essorer et jouer avec des épingles : voilà des activités qui renforcent les muscles de ses mains.

▶ Pour aider l'enfant qui commence à colorier, tracer au feutre noir le contour d'un objet simple. Cela l'aidera à restreindre son mouvement de coloriage à l'intérieur du dessin. La largeur du contour peut diminuer à mesure que l'enfant devient plus habile.

▶ Utiliser des contenants de différentes formes et grosseurs pour en faire des moules à gâteaux de sable ou de neige.

▶ Créer des chefs-d'œuvre en collant sur un carton des pâtes alimentaires de formes variées et peintes au préalable par l'enfant.

▶ Avec ces mêmes pâtes alimentaires, fabriquer de magnifiques colliers : enfiler les pâtes sur une corde ou un bout de laine dont l'une des extrémités a été préalablement renforcée avec du papier gommé. C'est le cadeau idéal pour grand-maman qui saura l'apprécier.

▶ Imprimer des motifs sur des cartons avec des pommes de terre coupées en deux. Sur la surface blanche, on sculpte une forme simple (cœur, étoile). L'enfant imbibe cette moitié sculptée de peinture (déposée dans une lèchefrite) et reproduit la forme sur un carton.

▶ Réaliser un bricolage[3] qui requiert l'utilisation de divers matériels (papier, pailles, ouate, bâtons…) et d'outils (crayon, ciseau, bâton de colle…). L'enfant pratique alors des gestes variés (déchirer, découper, coller, dessiner…).

▶ Solliciter l'aide de l'enfant pour préparer des recettes simples, comme des poudings ou des biscuits. Il pratiquera alors certains gestes, comme mélanger et verser des liquides, en plus de retirer une grande fierté à participer à la préparation du dessert de la famille.

▶ Solliciter son aide pour mettre la table, ce qui demande de bien contrôler ses gestes afin de ne pas échapper ou briser la vaisselle, de la déposer au bon endroit sur la table et de reconnaître de quel côté mettre la fourchette et le couteau.

▶ Lui procurer des craies, des feutres et des crayons : il en tirera des heures de plaisir tout en développant ses habiletés en dessin.

---

3. Pour des idées de bricolage, consulter les sites Internet suivants :
www.tibooparc.com ou www.chezlorry.ca et www.tomlitoo.com

▶ Fabriquer une batterie avec quelques boîtes de conserve de différentes grosseurs (donc de différentes hauteurs) réunies avec du ruban adhésif. Appréciée dès l'âge de 3 ans, cette première batterie permettra à l'enfant de faire des mouvements bilatéraux alternés avec ses deux mains pour produire des sons rythmés et d'utiliser des baguettes avec de plus en plus de coordination. Qui sait, grâce à ce jouet improvisé, votre petit deviendra peut-être le Ringo Star des années 2030 ! Oreilles sensibles s'abstenir.

▶ Lui montrer à plier un papier pour en faire un chapeau ou un avion.

▶ L'inviter à participer à l'époussetage des meubles. Il devra alors contrôler ses gestes. Réservez-vous les bibelots fragiles !

▶ Mettre à sa disposition une valise de déguisements avec divers vêtements, accessoires, vieux bijoux en toc. Ce sera l'occasion de pratiquer avec plaisir plusieurs gestes de motricité fine et cette valise deviendra un véritable coffre aux trésors pour la jeune princesse ou le pirate des mers.

▶ Lui allouer une rangée du potager et l'inviter à semer des graines de légumes ou de fleurs, à les arroser, à arracher les mauvaises herbes.

Tableau synthèse
Le développement de la motricité fine[4]

De la naissance à 6 mois	› Les mouvements spontanés de ses bras sont asymétriques et anarchiques. › Le réflexe d'agrippement est présent. › Il met occasionnellement son poing dans sa bouche. › Il examine attentivement ses mains et ses doigts. › Il gratte la surface avec ses doigts pour saisir un objet : c'est le début de la préhension palmaire. › Il secoue un hochet placé dans sa main.
De 6 à 12 mois	› Il porte les objets à sa bouche. › Il devient plus habile à saisir les objets. › Il commence à adapter sa préhension aux formes et à la taille des objets. › Il lâche l'objet qu'il a en main si on lui en présente un autre. › Il saisit des objets de différentes formes : biberon, balle, cube… › Il fait passer un objet d'une main à l'autre. › Il tient deux objets à la fois, un dans chaque main, et les frappe ensemble. › Il fait bravo en tapant dans ses mains. › Il manifeste une préférence pour l'une de ses mains. › Il pointe du doigt. › Il relâche volontairement les objets. › Il peut saisir de petits objets entre le pouce et l'index.
De 1 à 2 ans	› Il met des pièces de monnaie dans une tirelire. › Il tourne les pages d'un livre, mais saute plusieurs pages. › Il construit une tour de 2 ou 3 blocs (15 mois), de 3 ou 4 blocs (18 mois). › Ses deux mains font une activité différente : l'une stabilise et l'autre manipule. › Il fait des traits sur le papier avec une craie de cire.
De 2 à 3 ans	› Il tourne les pages d'un livre, une à la fois. › Il construit une tour de 6 ou 7 blocs (2 ans), puis de 9 ou 10 blocs (3 ans). › Il enfile de grosses billes de bois sur une corde. › Il tourne une poignée de porte. › Il ouvre les ciseaux avec les deux mains. › Il fait des traits avec les ciseaux.

4. Dans ce tableau, pour chaque groupe d'âge, les habiletés sont présentées selon la séquence habituelle de développement.

De 3 à 4 ans	› Il visse et dévisse un couvercle. › Il tient les ciseaux d'une main et fait des franges. › Il découpe une bande de papier. › Il découpe en suivant une ligne droite. › Il fait un serpentin en roulant la pâte à modeler entre ses deux mains.
De 4 à 5 ans	› Il tient le crayon entre le pouce, l'index et le majeur. › Sa latéralité est bien établie : il est droitier ou gaucher. › Il découpe une forme simple, comme un cercle. › Il colorie sans dépasser les contours.
De 5 à 6 ans	› Il découpe des formes avec des angles (carré, rectangle…). › Il plie en deux une feuille de papier en assemblant les coins.

CHAPITRE 5

Du gazouillis au langage

*Un savant germanique a dit que tout enfant
acquiert dans ses trois premières années
le tiers des idées et connaissances que, vieillard,
il emportera dans la tombe.*

Dostoïevski

*Pourquoi les adultes répondent-ils toujours par
une autre question quand ils ne connaissent pas
la réponse à celle qu'on vient de leur poser ?*

Marc Lévy

La grande aventure du langage commence quand le bébé est encore dans l'utérus de sa mère. Au troisième trimestre de la grossesse, celle-ci s'aperçoit que son bébé donne des coups de pied et bouge en réponse à de la musique ou à des sons bruyants. Il entend aussi les voix et réagit particulièrement à celle de sa mère : son rythme cardiaque diminue de façon marquée quand sa mère dit : « Bonjour, bébé ». Pas étonnant que dès la naissance, il distingue sa voix de celle des autres femmes ! Également, comparativement à une langue étrangère, le nourrisson réagit à sa langue maternelle en tétant avec plus de vigueur quand il l'entend.

La fonction première du langage est de permettre la communication avec les autres. C'est le moyen d'interaction sociale par excellence. Le langage n'est pas que verbal : il est aussi gestuel (gestes pour communiquer tel que pointer, faire un signe de la main) et graphique (dessin, écriture).

Langage et parole : distinction entre les deux

Le langage est un code de communication : les mots (comme les signes, les représentations graphiques) sont des conventions partagées par un groupe de personnes. La parole, quant à elle, réfère à l'acte moteur qui permet de produire les mots : elle requiert une coordination précise des muscles de la bouche et de la respiration. Il semble qu'une phrase aussi simple que : « Bonjour, comment ça va ? » solliciterait plus de 100 muscles qui doivent être utilisés de façon coordonnée ! Impressionnant, non ? Par l'apprentissage de sa langue maternelle, l'enfant accède au code du langage, mais pour communiquer son message, il doit aussi être habile avec la parole.

L'acquisition du langage verbal est complexe : l'enfant doit d'abord distinguer les sons les uns des autres, puis leur trouver un sens. Il peut alors les utiliser selon des règles précises. Pour que l'enfant développe son langage, il doit absolument entendre parler autour de lui. Par ailleurs, on observe de grandes différences entre les habiletés langagières des enfants. L'un dira ses premiers mots à 10 mois et l'autre ne le fera pas avant 18 mois.

Compréhension et expression : décalage entre les deux

Le langage verbal comprend deux aspects : la compréhension et l'expression. Dans la première et même dans la deuxième année de vie, il y a un grand décalage entre les deux : le jeune enfant comprend beaucoup plus de mots qu'il n'en dit. Ainsi, le vocabulaire qu'il comprend (vocabulaire passif) est plus étendu que celui qu'il utilise (vocabulaire actif). C'est d'ailleurs ce qui se passe pour nous lorsqu'on commence à apprendre une langue étrangère.

La compréhension pave la voie à l'expression. Les mots maintes fois répétés, associés aux actions et aux objets correspondants permettent à l'enfant d'en découvrir la signification et, par la suite, de les utiliser lui-même. Ainsi, le fait de lui parler même s'il ne parle pas encore contribue au développement de son langage. Quand l'enfant entend parler de ce qui attire son attention et de ce qui l'intéresse, il cherche plus rapidement à en parler à son tour.

Phase du prélangage : l'enfant gazouille puis babille

La première année de vie est considérée comme la phase du prélangage. Pendant les deux premiers mois, le bébé émet des sons indifférenciés, comme des cris et des pleurs, qui traduisent son bien-être ou son malaise. Puis, ces sons sont graduellement différenciés selon les sensations qui y sont associées (faim, inconfort, contentement). Le fait de décoder ces variantes apporte beaucoup de satisfaction aux parents puisqu'ils réussissent alors à comprendre ce que tente de leur communiquer leur bébé.

Dans les mois qui suivent, les vocalisations du bébé deviennent progressivement volontaires et ne se manifestent plus seulement en réaction aux sensations physiologiques. Le bébé prend plaisir à gazouiller, c'est-à-dire à produire des voyelles (« aaaa », « iiii », « oooo »). On peut d'ailleurs l'entendre pousser des sons aigus quand il découvre sa voix. Il s'amuse alors à varier les intonations, l'intensité, la durée et les successions de ses vocalisations. Ainsi, l'enfant pratique avec les voyelles toutes les merveilleuses possibilités de la parole. Ceci est universel : tous les bébés font les mêmes vocalisations, peu importe leur langue maternelle.

Par ailleurs, si vous imitez les sons qu'il fait, il souhaite continuer et vous vous rendez compte qu'il commence à comprendre le principe de « chacun son tour », qui est la base de tout échange verbal. Il s'intéresse également aux expressions du visage qu'il peut imiter ; quand vous lui parlez, il bouge les lèvres.

Par la suite, ce sont les consonnes qui apparaissent dans le répertoire du bébé ; celui-ci les associe aux voyelles pour donner des sons tels que « ba-ba-ba », « pa-pa-pa » : c'est l'époque du babillage. Vers 9 ou 10 mois, le bébé développe un répertoire de consonnes qui reflète la langue de son entourage. Il utilise aussi l'intonation typique de sa langue maternelle, celle qu'il entend autour de lui (exclamation, interrogation…).

Saviez-vous que...

Jusqu'à 10 mois, le jeune enfant est sensible à tous les sons des différentes langues parlées dans le monde. Toutefois, par la suite, il se concentre sur sa langue maternelle, étant désormais incapable de reconnaître les nuances des sons des autres langues.

Graduellement, l'enfant démontre par plusieurs indices qu'il s'aperçoit que les mots sont porteurs de sens. Le ton de la voix de l'adulte et le contexte l'aident à dégager le sens des mots familiers. Il commence aussi à utiliser un langage gestuel pour se faire comprendre, pointant l'objet qu'il désire, tendant les bras pour se faire prendre par l'adulte. Il réagit à son nom et à quelques autres mots, dont « non ». Ce dernier lui a fort probablement été dit à quelques reprises en réaction à certaines de ses tentatives hasardeuses et le ton alors utilisé ne laissait aucun doute quant au sens à donner à ce mot. Il aura également appris que le fait de secouer la tête en disant « non » renforce ce message. Sous peu, ce geste fera partie de son propre répertoire gestuel.

On note ensuite une augmentation sensible de séquences de syllabes plus complexes et d'intonations variées, reproduisant les modulations d'une conversation.

Phase linguistique

Le grand jour des premiers mots arrive en moyenne vers 10 ou 12 mois. C'est la phase linguistique proprement dite qui commence.

L'enfant dit « papa » ou « maman », mais son premier mot peut aussi être autre chose. Pendant la période de babillage, quand le bébé dit « papapa ou « mamama », on a parfois l'illusion qu'il dit déjà les mots tant attendus. Pour être certain que c'est bien le cas, il faut s'assurer que ces mots soient dits dans le contexte approprié, par exemple quand l'enfant regarde ses parents, et qu'ils soient répétés à quelques reprises. Il est tentant de conclure que le bébé dit « papa » et « maman » alors qu'il ne s'agit que de syllabes prononcées par hasard et qui n'ont pas de signification particulière pour lui. Les vrais mots sont toujours une même séquence de sons associée à une même chose : comme « miam-miam » pour ce qui est bon à manger.

De façon générale, le tout premier vocabulaire s'accroît très lentement. Après son premier mot, il faudra attendre environ cinq ou six mois avant que l'enfant se constitue un vocabulaire d'une cinquantaine de mots. Certains mettent encore plus de temps avant d'atteindre ce chiffre magique après lequel de nouveaux mots entrent très rapidement dans son répertoire.

Son langage prend de l'ampleur

Les premiers mots concernent des objets ou des personnes et, par la suite, ils désignent aussi des actions. L'enfant identifie donc les objets (lait, pomme, etc.) avant d'utiliser des verbes. Il utilise des onomatopées pour signifier des objets qui bougent ou qui font du bruit : *broum-broum* pour une auto, *ouaf-ouaf* pour un chien. Il adore d'ailleurs apprendre et reproduire les cris des animaux. Certains mots sont plus difficiles à dire que d'autres et n'apparaîtront que beaucoup plus tard. C'est le cas des mots de plus de deux syllabes ou contenant des *r*.

Vers 15 ou 18 mois, il utilise un mot à valeur de phrase. Par exemple, s'il dit « auto », cela peut vouloir dire, selon le contexte : « Je veux aller en auto » ou « Je vois l'auto de papa ». Un même mot peut aussi avoir plusieurs significations : par exemple, « lolo » pour désigner tous les liquides, que ce soit de l'eau, du lait ou du jus.

Pendant ce temps, sa compréhension aussi évolue. Passé le cap des 12 mois, il réagit de façon appropriée à des phrases familières comme : « Où est maman ? » ou « Prends ton ourson ». Il peut montrer, reconnaître et pointer des images que l'on nomme, identifier sur demande les parties de son visage et des objets ou des images qu'on lui montre. Il peut aussi aller chercher un objet familier sur demande.

À cette période, les différences peuvent être grandes d'un enfant à l'autre. Certains ne parlent presque pas, d'autres utilisent une vingtaine de mots ou plus. Cependant, le langage entendu autour d'eux fournit à tous des modèles à imiter. C'est d'ailleurs le moment où l'on entend l'enfant répéter comme un écho les mots que l'on dit ; il s'entraîne de la sorte à les prononcer. Graduellement, son vocabulaire s'enrichit : rappelons qu'il comprend davantage de mots qu'il n'en utilise.

En résumé, jusqu'à l'âge de 2 ans, l'enfant s'exerce donc :

▶ à produire des sons, des intonations, des mots ;

▶ à associer des mots à des situations ;

▶ à comprendre le sens de phrases simples, à l'aide du contexte ;

▶ à échanger verbalement avec les autres.

C'est le début des phrases

Dès l'âge de 2 ans, et parfois même avant, on assiste à une véritable explosion de nouveaux mots. L'enfant de 2 ans compterait un vocabulaire variant entre 200 et 300 mots alors qu'à 3 ans, il a entre 600 et 800 mots à sa disposition. Rappelons encore une fois que chaque enfant est différent. L'un est plus précoce pour parler, l'autre prend plus de temps. Pour tous, certains mots sont plus difficiles à prononcer que d'autres (journal, pamplemousse…) ; l'enfant les escamote ou fait des erreurs de prononciation.

La richesse de vocabulaire ouvre la porte à une nouvelle habileté : la construction de phrases. En quittant l'époque du mot à valeur de phrase, l'enfant commence à combiner d'abord deux mots. Le style est alors télégraphique : « papa auto », « bébé tombé », « jouet brisé ». Il en est de même pour ses premières questions : « Quoi ça ? » Chaque jour, l'enfant enrichit son vocabulaire, mais sa prononciation laisse souvent à désirer. S'il doit répéter quelque chose plusieurs fois sans parvenir à se faire comprendre, il risque de s'énerver.

Il devient ensuite capable de faire des phrases de trois mots qui incluent des articles, quelques adjectifs, des adverbes et des pronoms : « Le bébé est tombé ». « Moi, beaucoup mangé ». Au départ, le « moi » prend souvent la place du « je ».

Dans son jeu, vers 3 ans, on entend l'enfant parler à ses poupées, à ses figurines, à ses autos. Ce monologue lui permet de pratiquer ses habiletés verbales : il décrit les événements, exprime ses décisions, énonce les séquences de son jeu. Dorénavant, le langage est son moyen de communication privilégié.

À compter de 3 ans, l'enfant comprend une consigne même si aucun geste ne l'accompagne : « Va chercher ton pyjama ». Il peut aussi répondre à une demande qui comporte trois consignes : « Va à la cuisine, prends ton verre et apporte-le ici ». Il nomme spontanément les images dans un livre.

On observe parfois chez l'enfant de 3 ans ou 3 ans et demi une hésitation sur certains mots. Son idée semble en effet se dérouler plus rapidement que ces derniers. Il s'agit d'une période d'hésitation normale qui ne doit pas être confondue avec du bégaiement. Les rudiments de la grammaire s'acquièrent graduellement, mais quelques erreurs persistent. Ainsi, comme l'enfant a appris que si on parle de « plusieurs », il faut utiliser « des », il dira des « chevals. » De même, le mot *plus* signifiant *davantage*, il dira « Mon gâteau est plus bon que le tien. » Ses séries de phrases, encore relativement courtes, sont souvent ponctuées de « et puis ». Environ 90 % de ce que dit l'enfant de 3 ans est intelligible. Il peut aussi exprimer des émotions et des sentiments : fierté, culpabilité, amour. Il comprend les émotions des autres et réagit à la tristesse de ceux qu'il aime.

Vers 3 ou 4 ans, l'enfant maîtrise la structure fondamentale de la langue. Les phrases simples sont correctes, mais les phrases plus complexes comportent quelques erreurs. Il éprouve encore des difficultés avec certains sons : les *ch* (« cheval » devient « seval »), les *j* (« je joue » devient « ze zoue »), le *r* (« Marie » est prononcé « Mayi » ou « Malie »). Dorénavant, l'enfant peut parler des choses du passé (« Quand je suis allée chez mon amie ») et du futur (« Demain, on ira au zoo »). Il peut tenir une vraie conversation.

Vers l'âge de 4 ans, la période des « Pourquoi ? » commence. Certains enfants sont de véritables *pourquoi* ambulants, d'autres posent moins de questions. Si l'explication est trop longue, l'enfant n'écoute plus : si elle est trop vague, il ne comprend pas. Les réponses courtes et adaptées à son âge sont à privilégier.

Vers 5 ans, l'enfant peut parler de son imaginaire. Il adore inventer des histoires : il crée des scénarios de jeu, donne un rôle à ses partenaires ou à ses personnages et décide du déroulement de la situation. Son imagination débordante et ses habiletés langagières l'amènent parfois à fabuler : il raconte des événements farfelus comme s'ils étaient vrais.

Il utilise adéquatement le temps des verbes, mais il éprouve certaines difficultés avec les verbes irréguliers : « ils sontaient, ils boivaient ». Il connaît l'usage d'objets familiers : « À quoi sert une chaise ? À s'asseoir. Une cuillère ? À manger, à mélanger. Un manteau ? À ne pas avoir froid dehors ».

À partir de l'âge de 6 ans, la structure de ses phrases est correcte et il sait raconter les événements de façon claire et ordonnée. Il s'intéresse beaucoup au sens des mots. Son vocabulaire comptera sous peu plus de 10 000 mots !

Apprendre deux langues à la fois ?

Dans les familles où les parents viennent de deux ethnies différentes, bébé est très tôt immergé dans deux langues. Quel effet cela a-t-il sur le développement de son langage ? Doit-on lui enseigner les deux langues en même temps ?

Les études à ce sujet démontrent qu'entendre parler deux langues n'a aucun effet négatif sur le développement du langage de l'enfant. Pour faciliter son apprentissage, il est recommandé que chacun des parents parle à l'enfant dans sa propre langue. Ainsi, papa (qui est anglophone) lui parle en anglais et maman (qui est francophone) lui parle en français. Il ne reste qu'à décider quelle langue sera utilisée quand les parents parlent ensemble ou quand l'enfant s'adresse à ses deux parents en même temps.

Quand faut-il commencer cet apprentissage ? Le plus tôt possible. La période pendant laquelle l'enfant semble posséder les capacités optimales pour l'acquisition d'une langue seconde est entre 2 ans et environ 8 ans, tandis que la période idéale pour l'acquisition de la langue maternelle est entre 12 mois et 4 ans.

Apprendre la langue de la culture d'origine de ses parents aide l'enfant à s'y attacher. Par ailleurs, les avantages du bilinguisme à l'âge adulte sont substantiels.

Impact des histoires sur le développement du langage

Raconter des histoires à l'enfant agit tant sur sa compréhension que sur son expression[1]. Chaque nouvelle histoire racontée lui offre une variété de nouveaux mots qui viennent enrichir son vocabulaire. Avant de lui lire des histoires, lui montrer un livre d'images lui permet de reconnaître des objets et d'en découvrir d'autres dont il apprend le nom.

Par ailleurs, les histoires aident l'enfant à comprendre un récit en le sensibilisant à la langue écrite, traversant pour ce faire diverses étapes identifiées dans l'encart ci-dessous.

L'évolution de la compréhension du récit par l'enfant[2]

Jusqu'à 18 mois

L'enfant se plaît à regarder les images et à reconnaître graduellement les objets et les personnages qui y sont représentés.

18 mois à 3 ans : stade descriptif

L'enfant fait le lien entre l'illustration et le mot. Il peut identifier de plus en plus d'objets.

3 ans : stade de l'inférence

L'enfant comprend des renseignements non dits, à partir d'indices tirés des illustrations : sentiments des personnages (heureux, car ils sourient, tristes parce qu'ils pleurent), lieu de l'histoire (intérieur ou extérieur), moment de la journée (jour, soir).

4 ans

L'enfant comprend l'*ordre temporel* de l'histoire ; il saisit la chronologie des événements (ce qui vient avant, ce qui vient après).

5 ans

L'enfant peut expliquer les événements et identifier les émotions ressenties par les personnages. Il commence donc à faire des *inférences logiques*, établissant des liens de cause à effet, des liens entre

---

1. Pour plus de détails, consulter Francine FERLAND. *Raconte-moi une histoire – Pourquoi ? Laquelle ? Comment ?* Montréal : Éditions du CHU Sainte-Justine, 2008.
2. *Ibid.*

ce qui vient de se passer et ce que cela a provoqué. Par la suite, il peut faire des *inférences d'anticipation* en avançant des hypothèses sur ce qui peut arriver.

Les histoires contribuent également aux habiletés narratives de l'enfant, soit son habileté à raconter sa journée à la garderie, les jeux partagés avec un ami, une sortie avec grand-maman, le film qu'il vient de voir. Ces habiletés à raconter, qui se développent particulièrement entre 3 et 6 ans, s'appuient sur sa connaissance de la structure de la langue, les histoires entendues lui servant en quelque sorte de modèles. À 3 ans, il utilise des phrases courtes, se concentrant sur ce qu'il a particulièrement aimé. Vers 4 ans, il commence à saisir la notion de temps et il rapporte les actions dans l'ordre. Vers 5 ans, l'enfant apporte davantage de précisions dans ses récits indiquant, par exemple, le menu à la garderie ou le nom du chat dans l'histoire entendue. Il commence aussi à faire des liens de cause à effet, par exemple : « Simon s'est fait punir parce qu'il n'écoutait pas ».

L'enfant peut aussi prendre plaisir à raconter lui-même une histoire à l'adulte, comme cette petite fille de 3 ans et demi qui avait décidé de raconter l'histoire du *Roi Lion* à sa grand-maman. Son récit commençait ainsi : « Il était une petite fois... », qui n'est finalement qu'une variante très personnelle de « Il était une fois, un petit... ». Cette même fillette, ne se rappelant plus l'action dans une des pages du livre, s'en est sortie par une pirouette en précisant que cette page « était un petit peu en anglais » et elle est passée à la page suivante.

À garder en mémoire

Quand l'enfant commence à être nourri à la cuillère, il doit apprendre à utiliser sa langue indépendamment de ses lèvres, mouvement différent de celui qui sert à téter le sein ou le biberon. L'utilisation habile de sa langue lui servira à prononcer différents sons et mots. En déposant la purée sur le bout de sa langue et en évitant de lui faire téter la cuillère, on facilite ce nouvel apprentissage.

Pour découvrir le plaisir de communiquer, votre bébé doit sentir que vous aimez qu'il exprime ce qu'il veut, ce qu'il fait et ce qu'il ressent, autrement dit que vous aimez qu'il soit actif sur ce plan. La communication est affaire de réciprocité et de synchronisation ; ses actions, ses sons et ses expressions faciales doivent être suivis d'une réponse pour l'encourager à communiquer. Ainsi, il apprendra à interagir avec une autre personne et à établir un dialogue.

Si votre enfant est très habile à se faire comprendre et à exprimer ses émotions de façon non verbale, par des sourires, des pleurs ou des gestes, il se peut qu'il ne voie pas l'intérêt de parler et que son langage se développe plus lentement. Toutefois, il rattrapera rapidement ce décalage sur les autres dès qu'il aura saisi que le langage lui permet de se faire comprendre, même de personnes qui ne le côtoient pas quotidiennement, et qu'il est amusant de jouer avec les mots.

Par ailleurs, quand vous parlez à l'enfant, évitez d'adopter les premiers mots qu'il prononce (« kiki » pour « biscuit », « lolo » pour de « l'eau », « lala » pour « lait »). À l'enfant qui réclame un « kiki », mieux vaut répondre : « Ah ! Tu veux un biscuit ! ». Non seulement verra-t-il que vous le comprenez, mais en outre, il entendra le mot juste et saura le reconnaître dans différents contextes, même s'il ne peut pas encore le dire correctement. Nul besoin de lui demander systématiquement de répéter le mot, mais saisissez toutes les occasions pour le lui dire. L'enfant doit apprendre le langage des adultes et plus il entendra le « vrai » mot, plus il en maîtrisera rapidement la bonne prononciation.

Quand l'enfant hésite, quand il bute sur les mots, il faut être patient et ne pas terminer le mot pour lui. C'est souvent le signe que son désir de communiquer est plus grand que sa capacité à le faire, ce qui s'observe surtout vers l'âge de 3 ans.

Bien qu'il soit de plus en plus habile à s'exprimer, ses conversations au téléphone peuvent être difficiles à comprendre jusqu'à l'âge de 3 ans. Il ne pense pas que son interlocuteur ne le voit pas et il parle de choses qui se trouvent dans la pièce où il est, sans expliquer ce que c'est. Un parent averti répétera en arrière-fond ce que dit l'enfant et aidera de la sorte l'interlocuteur au bout du fil à suivre la conversation de l'enfant et à y réagir adéquatement.

Les quatre règles d'or de l'Ordre des orthophonistes et audiologistes du Québec[3]

> Se mettre à la hauteur de l'enfant quand on lui parle, en s'arrangeant pour qu'il nous regarde, lui parler lentement, de façon naturelle, faire des phrases à peine plus longues que les siennes.

> Reformuler lentement et correctement ce que l'enfant dit en insistant à l'occasion sur un son ou un mot difficile, et en poursuivant l'échange.

> Décrire lentement en phrases simples et claires ce que l'on fait et ce que l'enfant fait, lui laisser le temps de demander ce qu'il veut avec des sons, des mots ou des gestes.

> Nommer les actions et les choses pour lui, le mettre régulièrement en contact avec d'autres enfants du même âge.

Activités pour accompagner l'enfant dans le développement de son langage

Les suggestions qui suivent ont pour objectif de rendre l'enfant attentif à son environnement sonore et de lui faire prendre plaisir à écouter et à communiquer. Certaines d'entre elles sont tirées de l'ouvrage cité en bas de page[4].

---

3. Tirées de S. PLANTE. « L'ABC de la parole et les trucs des pros ». www.aepq.ca/wp-content/uploads/2011/04/l_abc_de_la_parole_et_les_trucs_des_pros.pdf [Consulté le 20 mai 2014].
4. L. GIROLAMETTO. *Bébé communique déjà – pas à pas ensemble*. Toronto: Hospital for Sick Children — Hanen Centre, 1991. Traduction française de C. Cronk.

Prendre plaisir au monde sonore

‣ Adopter une chanson ou une comptine pour différentes activités ; celle-ci devient le thème de l'activité et permet à l'enfant d'en prévoir le déroulement.

‣ Lui faire entendre la voix de papa au téléphone.

‣ Enregistrer votre voix et la lui faire écouter.

‣ Lui raconter des histoires en utilisant l'intonation appropriée à la situation et aux divers personnages.

‣ Lui murmurer des secrets à l'oreille, ce qui l'incitera à porter attention à ce qu'on lui dit.

‣ Revoir les autres suggestions d'activités concernant l'audition à la fin du chapitre 2.

Apprendre des mots

‣ Associer les mots aux actions et aux objets de la vie quotidienne. Ainsi, le moment du bain est propice à la connaissance des parties de son corps : « Je lave ton ventre, tes bras... ». La période des repas se prête à l'apprentissage des mots désignant la nourriture : « Voici ton jus », « Veux-tu du lait ? ». Le marché est l'endroit idéal pour lui apprendre le nom des fruits et des légumes.

‣ Regarder un livre d'images et lui demander d'identifier celles-ci : « Où est le ballon ? », « Vois-tu le chat ? ».

‣ L'inviter à montrer des objets familiers autour de lui : « Montre-moi ton ourson », « Où est ton auto ? ».

‣ Regarder des albums photo laissés à portée de main et nommer les personnes et les lieux.

‣ Décrire verbalement ce que fait l'enfant : « Tu laves ton canard : il est tout propre ».

S'exercer à s'exprimer

‣ Imiter ses gazouillis, ce qui l'incitera à les répéter à son tour. L'imitation deviendra importante quand il essaiera de répéter des mots.

▶ Vous amuser à faire diverses mimiques (joyeuse, surprise, fâchée, fatiguée) ou à décrire celles des personnages des illustrations dans les livres («Oh! La petite fille a l'air fâché»). L'enfant comprend ainsi qu'on peut communiquer des sentiments par l'expression du visage.

▶ Dire les nouveaux mots en exagérant la prononciation et pointer votre bouche pour qu'il observe le mouvement de vos lèvres et de votre langue.

▶ Tenter de comprendre les expressions faciales de l'enfant. Profiter des moments où l'enfant exprime un sentiment pour lui dire que l'expression de son visage vous renseigne sur ses sentiments : «Ton beau sourire me dit que tu es content».

▶ Lui donner le temps d'exprimer ce qu'il veut ; en attendant, lui sourire pour l'encourager et lui donner confiance en lui.

▶ Tenter d'interpréter un son qui semble avoir une signification précise : toucher l'objet qui paraît être désigné par l'enfant, le nommer sur un ton interrogatif et le lui tendre.

▶ Lui apprendre à reproduire les cris des animaux : chat, chien, cochon, chèvre, vache.

▶ «Oublier» de lui donner un objet nécessaire pour une activité précise. Par exemple, oublier de lui donner des crayons en même temps que le papier, la cuillère pour le repas ou du lait avec ses céréales ; ce genre d'omission le poussera à réagir et à faire des demandes. Au besoin, dire une phrase simple qu'il pourrait utiliser : «Veux-tu un crayon?».

▶ Jouer au téléphone en lui posant des questions simples : «Quel est ton nom?», «As-tu mangé?».

▶ Lui apprendre des comptines. En voici quelques-unes :

(En faisant pivoter les deux mains)
«Ainsi font, font, font les petites marionnettes,
Ainsi font, font, font, trois petits tours et puis s'en vont.»

(En frappant des mains)
« Si tu as le cœur joyeux, frappe des mains,
Si tu as le cœur joyeux, frappe des mains,
Si tu as le cœur joyeux, si tu as le cœur joyeux,
Si tu as le cœur joyeux, frappe des mains. »

(En mimant les actions de la comptine)
« Un cerf dans une grande maison regardait par la fenêtre,
Un lapin vint en courant frapper à sa porte :
" Cerf, cerf, ouvre-moi, car le chasseur me tuera "
" Lapin, lapin, entre vite me serrer la main ". »

(En faisant le geste de scier)
« Scions, scions, scions du bois,
  Pour la mère, pour la mère,
  Scions, scions, scions du bois
  Pour la mère Nicolas. »

(Pour apprendre le nom des doigts)
« Dans un poing fermé, cinq doigts sont cachés.
Monsieur pouce es-tu là ? Me voilà !
Toi, l'index es-tu là ? Me voilà !
Toi, majeur es-tu là ? Me voilà !
Toi, annulaire es-tu là ? Me voilà !
Petit doigt es-tu là ? Me voilà ! »

(Pour apprendre les notes de musique)
« Do, ré, mi, fa, sol, la, si, do,
Gratte-moi la puce que j'ai dans le dos,
Si tu l'avais grattée plus tôt,
elle n'serait pas montée si haut. »

(Pour apprendre les jours de la semaine)
« Bonjour lundi ! Comment va mardi ?
Très bien, mercredi. Je viens de jeudi

Dire à vendredi qu'il s'habille samedi
Pour danser jusqu'à dimanche ! »

▶ Inviter l'enfant à créer son propre livre d'histoires. Placer quelques feuilles sur un carton de couleur, plier le tout en deux et agrafer au centre pour obtenir un petit livre. Proposer à l'enfant d'inventer l'histoire de son choix. Selon ses capacités, il peut décider seul de l'histoire ou répondre aux questions que vous lui posez, faire les dessins avec ou sans votre aide, vous dire quoi écrire ou répondre à vos suggestions. « Une histoire de quoi ? Un chat. Comment est-il ? Il est rouge. » Le titre pourrait donc être : L'histoire du chat rouge. Sur le carton, on inscrit le titre et on dessine le chat rouge. « Où est-il ? Il est dans sa maison. Que fait-il ? Il joue avec un ballon. » À chaque page, l'histoire progresse. Et à la fin, l'enfant tiendra fièrement en main un livre qu'il aura fait avec vous et qui aura fait appel à sa compréhension, à son imagination, à ses capacités de communication et qui lui aura, à coup sûr, donné du plaisir.

▶ Improviser une histoire avec votre enfant. À chaque élément de votre histoire, l'enfant ajoute des précisions :

« Un jour, un monsieur…	*Papa*
Rencontre un garçon…	*Moi*
Il lui dit :	*On joue ensemble ?*
Le garçon répond :	*Oui, au ballon.*
Et alors :	*Ils sortent dehors pour jouer.* »

▶ Inventer une histoire farfelue : « Imaginons que ton chien devient un lion » ou « Imaginons que tu sois invisible » et dès lors, l'enfant est convié à une aventure extraordinaire qu'il aura plaisir à construire avec vous.

▶ Jouer à « Jean dit ». L'enfant doit suivre votre consigne quand vous dites : « Jean dit… de lever tes bras. » Il doit toutefois rester immobile si vous dites seulement : « Lève tes bras. » Ce jeu l'incitera à porter attention à la consigne et à déterminer quand la suivre ou non. Il devient plus compliqué si on donne plus d'une consigne : « Jean dit… de fermer les yeux et de mettre les mains sur tes hanches. »

▸ Identifier un objet caché dans un sac en le décrivant simplement au toucher, sans le voir : « Ça pique, il y a un manche : c'est une brosse. »

▸ Jouer à faire parler une marionnette, des animaux, des figurines.

▸ Jouer aux devinettes. Ce jeu est très utile pour faire patienter l'enfant pendant un trajet en voiture. « C'est jaune, ça se mange, c'est un fruit : une banane », « Ça a des poils, ça miaule, c'est un animal : un chat ».

Tableau synthèse
Le développement du langage[5]

De la naissance à 6 mois	› Il émet des sons indifférenciés (cris, pleurs) qui deviendront progressivement différents selon la situation : faim, inconfort, contentement. › Il porte attention à la voix, surtout celle de sa mère, il se tourne vers elle quand elle lui parle. › Il s'intéresse aux expressions du visage. › Il s'amuse à gazouiller : « aaa… iii… » › Il pousse des sons aigus lorsqu'il découvre le son de sa propre voix. › Il pousse des cris de plaisir.
De 6 à 12 mois	› Il localise l'origine des sons qu'il entend. › Il rit aux éclats. › Il réagit au ton de la voix, ouvrant grands les yeux, souriant, fronçant les sourcils : il comprend la tonalité affective du message. › Il babille : « bababa, mamama… » › Il utilise l'intonation typique de sa langue maternelle. › Il se rend compte que les mots sont porteurs de sens. › Il réagit à l'appel de son nom. › Il réagit au mot « non ». › Il utilise des gestes pour se faire comprendre : pointe du doigt un objet, tend les bras… › Il utilise différentes syllabes et des intonations variées. › À la demande de l'adulte, il montre sur une image un objet connu.
De 1 à 2 ans	› Il dit ses premiers mots. › Il apprécie et amorce des jeux vocaux. › Un mot a plusieurs significations. Ex : « lo » pour tout ce qui est liquide. › Il utilise un mot ayant la valeur d'une phrase. Ainsi « papa » peut vouloir dire : « Où est papa ? », « Papa arrive » ou « Je veux voir papa ». › Il réagit de façon appropriée à de courtes phrases familières : « Viens manger ». › Il démontre qu'il reconnaît les objets correspondant à 40 à 50 mots. › Il regarde les objets et les images dont on dit le nom. › Il commence à utiliser les mots pour communiquer plutôt que de montrer du doigt ou de prononcer quelques syllabes, comme il le faisait avant.

5. Dans ce tableau, pour chaque groupe d'âge, les habiletés sont présentées selon la séquence habituelle de développement.

De 1 à 2 ans	› Il répète des mots ou des bouts de phrases comme un écho pour s'exercer à les prononcer. › Il comprend des demandes simples comme : « Ferme la porte » ; il peut aller chercher un objet familier qu'on lui demande. › Il aime imiter des sons, tels les cris de certains animaux familiers, le moteur d'un véhicule… › À compter de 18 mois, il sait dire environ 50 mots.
De 2 à 3 ans	› Sa production de mots s'accélère de façon fulgurante. › Vers 2 ans, il connaît environ 200 mots et peut en dire environ 100 ; vers 3 ans, il dit environ 500 mots, mais il en comprend bien davantage. › Il fait des phrases de deux mots : « Bébé tombé », « Quoi, ça ?, puis de trois mots : « Je veux pomme ». › Il suit une histoire simple. › Il commence à utiliser des pronoms (« moi », « je », « toi ») et des formes négatives : « Je veux pas ». › Il comprend des consignes qui contiennent plus d'un élément : « Prends ton verre et apporte-le à maman ».
De 3 à 4 ans	› Il monologue quand il joue. › Il fait des phrases complètes de quatre mots ou plus. › Il parle suffisamment clairement pour être compris par des personnes non familières. › Il connaît des comptines. › Il commence à utiliser des articles, des adjectifs, des pré-positions, des adverbes. › Il montre l'objet identifié par sa fonction : « Avec quoi mange-t-on ? ». › Il comprend des demandes comportant trois consignes : « Va dans ta chambre, prends ton pyjama et apporte-le ici ». › Son vocabulaire compte plus de 1 000 mots. › Il peut hésiter sur certains mots. › Il peut dire son nom, son âge et son sexe. › Il connaît plusieurs chansons enfantines.
De 4 à 5 ans	› Il demande fréquemment « Pourquoi ? ». › Il maîtrise la structure fondamentale de la langue. › Il éprouve encore des difficultés avec certains sons : *ch, j, r*. › Les verbes irréguliers lui causent aussi quelques soucis : « vous faisez » au lieu de « vous faites », « il boivait » au lieu de « il buvait ».

De 4 à 5 ans	› Il peut tenir une vraie conversation. › Son vocabulaire s'étend à 2 000 mots et plus. › Il comprend de plus en plus facilement des phrases complexes. › Il comprend différents types de questions : « Pourquoi ? », « Comment ? », « Quand ? ». › Il peut suivre une histoire sans le support d'images. › Il peut raconter une histoire qu'on lui a déjà racontée ou répondre à des questions reliées à l'histoire.
De 5 à 6 ans	› Il parle au passé, au présent et au futur correctement. › Il invente des histoires et raconte celles qu'il connaît. › Il peut identifier l'usage d'objets familiers : « Une chaise ? Pour s'asseoir. Une cuillère ? Pour manger ». › Il connaît environ 10 000 mots.

CHAPITRE 6

Vers la connaissance du monde environnant

*Il est beaucoup plus facile pour un philosophe
d'expliquer un nouveau concept à un autre philosophe
qu'à un enfant. Pourquoi ? Parce que l'enfant
pose les vraies questions.*

Jean-Paul Sartre

L'imagination est plus importante que le savoir.

Albert Einstein

*Il y a ceux qui voient les choses telles qu'elles sont
et qui se demandent pourquoi. Moi, je les vois telles
qu'elles pourraient être et je me dis pourquoi pas !*

Marc Lévy

Le présent chapitre concerne le développement cognitif de l'enfant, c'est-à-dire ce qui mène vers la connaissance, ce qu'on appelle communément la pensée, le raisonnement, l'intelligence. Par le développement de sa cognition, l'enfant bâtit lentement son savoir et élabore sa connaissance du monde. En observant le développement cognitif de l'enfant, on saisit la façon dont il comprend les événements et les situations.

Au cours des deux premières années, l'enfant découvre son environnement et commence à savoir comment il fonctionne.

Le développement de sa perception y contribue largement : il apprend à connaître son corps et à l'utiliser, à connaître les objets et à les utiliser. Graduellement, il entre dans le monde symbolique : il est alors capable de se représenter dans sa tête les personnes et les objets qui l'entourent. Jusqu'à l'âge de 6 ou 7 ans, l'enfant a une forme de pensée concrète, centrée sur ce qu'il perçoit, sur ses expériences. Par la suite, sa pensée deviendra plus logique, plus objective.

Son action produit des effets sur son environnement

En accomplissant certains gestes, le bébé prend conscience de la relation de cause à effet. Par exemple, lorsqu'il touche, même par hasard, un jouet qui produit un bruit, il se rend compte que son action entraîne une réaction, ce qui l'incite à répéter le geste pour reproduire l'effet obtenu. Entre 8 et 12 mois, on observe cette intention dans ses gestes. Ce qui, au départ, n'était qu'accidentel devient peu à peu intentionnel : l'enfant touche le mobile pour le faire bouger, il secoue le hochet pour en tirer un bruit, il pousse le ballon sur le plancher pour le faire rouler.

Auparavant, la cause des événements relevait pour lui de la magie ; maintenant, l'enfant fait des liens à partir de ses expériences, et non seulement entre l'action et sa réaction, mais aussi entre les objets et leurs effets. Ainsi, il associe le biberon au fait d'être nourri et réagit dès qu'il l'aperçoit. En visite chez le médecin pour un vaccin, il pleure à la seule vue de la seringue puisque l'expérience lui a appris qu'une seringue produisait une sensation désagréable.

En comprenant les relations de cause à effet, l'enfant acquiert des aptitudes à résoudre des problèmes, comme en témoigne une expérience menée auprès d'enfants de 9 mois[1]. Ces petits étaient assis devant une table recouverte

1. P. WILLATTS « Development of Problem-Solving in Infancy ». In A. SLATER and G. BREMNER (Eds). *Infant Development*. Hove, England: L. Erlbaum, 1989.

d'une nappe sur laquelle on avait déposé un jouet. La nappe leur était accessible, mais ils étaient séparés du jouet par une tour de blocs en mousse. Ces jeunes enfants comprenaient rapidement que pour accéder au jouet, il leur fallait d'abord faire tomber la tour, puis tirer la nappe, ce qui amenait à leur portée le jouet convoité. Voilà une belle manifestation de la capacité du jeune enfant à faire des liens entre son action et l'effet qu'elle produit dans l'environnement et, dès lors, à résoudre des problèmes.

Un objet devenu invisible continue d'exister

Le concept de permanence de l'objet amène l'enfant à comprendre qu'un objet qu'il ne voit plus continue d'exister. Cette prise de conscience se développe peu à peu. Vers l'âge de 6 ou 7 mois, quand l'enfant, assis dans sa chaise haute, laisse tomber un objet par terre, il fait ses premières expériences en lien avec ce concept. Il tient un objet dans ses mains et, sans trop savoir comment (puisqu'il ne relâche pas encore volontairement les objets), cet objet disparaît de sa vue. Il fait donc un véritable tour de magie puisqu'il a fait disparaître l'objet. Peu de temps après, il comprend que cet objet est simplement tombé sur le plancher et que, par conséquent, il existe toujours.

De la même façon, l'enfant est enchanté par le jeu de « coucou » qui consiste à cacher votre visage derrière une couverture. S'il rit quand vous retirez la couverture, c'est qu'il commence à prendre conscience de la permanence des objets et qu'il est heureux de constater que sa prévision était bonne : vous êtes toujours là. S'il cherche à retirer la couverture, il fait un pas de plus dans sa prise de conscience. Par la suite, il prendra plaisir à chercher un objet caché sous une couverture.

Comme il se rend compte que la permanence s'applique autant aux personnes qu'aux objets, il sait dorénavant que sa mère continue d'exister même s'il ne la voit pas. Quand elle quitte sa chambre pour aller dans une autre pièce ou qu'elle part de la maison, l'enfant comprend qu'elle n'est pas disparue, comme il pouvait le penser avant que ce concept soit intégré. Le bébé qui n'a pas accédé à cette compréhension pleure parfois, non parce qu'il a faim ou qu'il est souillé, mais simplement pour être rassuré quant à l'existence de sa mère.

Par des jeux consistant à mettre des objets dans un contenant fermé, à les sortir et à recommencer, l'enfant expérimente activement le principe de permanence de l'objet. Il y prend plaisir parce qu'il sait que les objets sont toujours à l'intérieur du contenant, même s'il ne les voit plus. Il en va de même avec les petites figurines qu'il dépose dans une maisonnette dont il referme la porte.

Il imite

À partir de 12 ou 15 mois, l'enfant aime imiter des gestes simples. Comme vous, il parle dans son téléphone jouet ou il fait boire son ours en peluche. L'imitation est importante pour l'enfant : en observant les autres, il apprend et expérimente. Après avoir imité en temps réel ce qu'il observe autour de lui (imitation immédiate), il devient capable, vers 18 mois, de reproduire dans son jeu une situation vécue quelques jours plus tôt (imitation différée). Cette nouvelle capacité fait appel à sa mémoire, mais aussi à sa représentation mentale de l'événement vécu. Cela démontre que ses capacités mentales évoluent.

Il reconnaît son image

Dans le miroir

Dès ses premiers mois de vie, le bébé est intéressé par le miroir. Les reflets de lumière de même que les personnes qu'il y voit stimulent sa vision : c'est donc l'expérience sensorielle qui l'attire. Quelques mois plus tard, il manifeste son plaisir en souriant et en touchant le miroir. À compter de 6 mois, la main tendue, il souhaite toucher ce qu'il pense être extérieur à lui. De fait, il ne sait pas encore que c'est sa propre image qu'il aperçoit. De 9 à 15 mois, il est amusé par cet autre. Il joue avec son reflet, lui fait des bisous. Enfin, vers 18 mois, il commence à prendre conscience qu'il s'agit bien de lui dans le miroir.

Un petit test pour savoir si votre enfant se reconnaît dans le miroir? Déposez sur son nez une gommette rouge ou un peu de crème. En voyant son reflet, s'il a le réflexe de porter sa main à son nez pour enlever la gommette ou la crème, il vous indique qu'il sait que c'est bien lui dans la glace et que s'il enlève ce qu'il y a sur son nez, cela disparaîtra aussi dans l'image du miroir. S'il ne réagit pas tout en se regardant avec intérêt, c'est qu'il n'a pas encore acquis cette connaissance. Une autre façon pour savoir s'il se reconnaît? Alors que bébé est assis face au miroir, avancez derrière lui sans un bruit pour qu'il ne vous entende pas. Une fois qu'il vous aperçoit dans le miroir, s'il se retourne pour vous regarder, c'est qu'il a compris le rôle du reflet!

Sur les photos

Vers 10 ou 12 mois, le bébé serait capable d'identifier son entourage proche (papa, maman, papi, mamie...) sur des photos récentes qu'on lui a déjà montrées en indiquant de qui il s'agissait. Mais il tardera davantage à se reconnaître lui-même: il y parviendra entre 15 et 22 mois[2].

Pour savoir si votre enfant se reconnaît sur les photos, disposez une photo de lui sur une table, au milieu de photos d'autres enfants inconnus du même âge et du même sexe. Puis, invitez-le à se «trouver»: «Où est Xavier?». S'il pointe la bonne photo, vous saurez qu'il se reconnaît.

---

2. Voir http://hjunier.wordpress.com/2012/06/03/miroir-photo-video-quand-lenfant-sy-reconnait-il/ [Consulté le 12 janvier 2014].

Saviez-vous que...

Selon les spécialistes du développement, on ne peut se souvenir d'événements survenus avant l'âge de 3 ans. Si on croit s'en rappeler, c'est probablement en lien avec des photos et des récits faits par nos proches[3].

Il explore et expérimente

La période qui s'échelonne sur les deux premières années du développement est caractérisée par l'exploration, la répétition, des essais et des erreurs. L'exploration lui permet de faire des découvertes et la répétition l'amène à une plus grande maîtrise de ses gestes et de ses actions. Son apprentissage se fait toutefois par essais et erreurs. Certaines de ses expériences sont moins heureuses que d'autres. Ainsi, l'enfant qui voit disparaître le papier hygiénique dans la cuvette des toilettes peut être curieux de vérifier ce qu'il advient s'il y jette une petite serviette...

Il entre dans le monde symbolique

Entre 18 mois et 2 ans, l'enfant développe la pensée symbolique, c'est-à-dire qu'il commence à se représenter des objets qui ne sont pas présents, en utilisant un symbole de l'objet: un mot, une image ou un autre objet. Ainsi, s'il entend le mot « pomme », il pense à un objet rond, rouge et délicieux. Il sait à quel objet associer le mot. Il utilise aussi des symboles dans ses dessins: il représentera une pomme par une forme ronde et rouge. Dans son jeu, il peut décider qu'une balle rouge est aussi une pomme.

Chaque mot qu'il dit ou entend représente dorénavant quelque chose de précis dans sa tête. Il reconnaît de plus en plus d'images qui représentent les objets, d'où son intérêt pour les livres d'images, puis pour les histoires illustrées.

---

3. Voir www.memoireetvie.com/medias/3ans.htm [Consulté le 5 novembre 2013].

Ayant désormais la capacité d'identifier les objets à partir de leur nom, de leur représentation graphique ou d'un autre objet, l'enfant est en mesure d'entrer dans le monde du «faire semblant». Il devient davantage acteur qu'imitateur.

Il joue à «faire semblant» et prête vie aux objets qui l'entourent

Un petit test pour savoir si votre enfant est rendu à cette étape? Avec un livre d'images, amusez-vous à simuler diverses actions : manger une pomme, éteindre la chandelle, sentir la rose. Peut-être votre enfant vous trouvera-t-il un peu bizarre de prime abord, mais après une brève hésitation, son sourire vous informera qu'il comprend ce que vous faites et qu'il trouve cela amusant. Si tel est le cas, vous saurez qu'il a compris que l'image est une représentation, un symbole de la réalité (ce n'est pas une vraie rose, ce n'est qu'une image), mais qu'on peut s'amuser à faire comme si c'était vrai. En d'autres mots, il comprend le jeu qui consiste à «faire semblant». S'il persiste à vous regarder étrangement et ne semble pas réagir à ce que vous faites, attendez quelques semaines. Avant de s'amuser à ce type de jeu, il doit d'abord connaître les divers objets et ce qu'on peut en faire.

Dans ses premiers jeux de «faire semblant», l'enfant utilise d'abord les objets appropriés : il fait semblant de nourrir son ourson avec une cuillère, il enfonce des chevilles avec son marteau jouet. Puis il utilise les objets pour autre chose que leur fonction première : un bâton devient tour à tour une baguette de tambour, un couteau pour la pâte à modeler et une cuillère pour nourrir l'ourson. Il fait semblant de préparer un gâteau avec de la pâte à modeler.

Enfin, il prête vie aux objets qui l'entourent, leur attribuant des désirs (son animal en peluche veut jouer au ballon) et des sentiments (son auto est fatiguée). C'est ce qu'on appelle la pensée animiste de l'enfant qui accorde des caractéristiques humaines (intentions, sentiments, humeurs…)

aux objets naturels ou fabriqués et aux événements. Pour lui, tout ce qui bouge est vivant : la roche qui dévale une colline, les nuages ou le soleil qui se déplacent dans le ciel. L'enfant croit que les objets autour de lui sont animés d'une volonté propre, d'émotions et de sentiments, comme les êtres vivants. Il pourra dire que la table est méchante parce qu'il s'est cogné dessus, pleurer si « on fait du mal » à des objets qu'il apprécie. Cette forme de pensée se rencontre principalement chez les enfants de 2 à 4 ans, mais rarement au-delà de cet âge[4], et se retrouve principalement dans l'explication des phénomènes naturels (le soleil, la lune, le vent et les nuages).

Cette vision animiste viendrait d'une indifférenciation entre les êtres vivants qui créent du mouvement et les objets, qui eux, les subissent. L'enfant ne comprend pas encore que les objets vivants naissent, croissent et meurent. Pour lui, tous les objets, vivants ou non, naissent, croissent et… ont des émotions. Voilà pourquoi, par exemple, lorsque l'enfant dessine le soleil, il lui attribue les éléments d'un visage : yeux, nez, bouche en sourire[5].

Il dessine

Les premiers dessins de l'enfant sont des gribouillis, c'est-à-dire des traits circulaires continus qui mèneront éventuellement au dessin d'un cercle. Il s'agit davantage d'un exercice moteur que d'une représentation graphique de sa compréhension de son environnement. Par cet exercice, l'enfant laisse sa trace tout en expérimentant de nouvelles habiletés : tenir un crayon, produire des traits, contrôler son geste. Avec le développement de sa perception visuelle de l'espace, il apprend graduellement à copier des lignes et des formes géométriques (voir le chapitre 2).

4. Voir http://erpi.com/elm/2281.4710943827736790452.pdf [Consulté le 13 septembre 2013].

5. Voir www.definitions-de-psychologie.com/fr/definition/animisme.html

Vers 3 ans, il commence à vouloir représenter quelque chose ; c'est l'étape de l'*intention représentative*. Toutefois, il ne saurait identifier qu'après coup ce qu'il dessine puisque sa production se bâtit au hasard des tracés : c'est le *réalisme fortuit*. Il ne sert donc à rien de lui demander ce qu'il dessine : il ne peut pas vous répondre puisque… il n'a pas fini. À cet âge, il est difficile pour tout autre que l'enfant lui-même de décrire ce que représente le dessin, et lui-même pourra en changer la description si on lui montre le même dessin quelque temps plus tard. Quand il a terminé, plutôt que de tenter de deviner ce que l'enfant a dessiné, mieux vaut le lui demander. S'il a du mal à décrire ce qu'il a produit, on peut l'inviter à préciser un détail (« Qu'est-ce que c'est ? », en pointant une forme ou un trait différent des autres), cela peut l'aider à décider que son dessin est un chat ou autre chose.

Puis, vers 4 ans, les dessins deviennent plus réalistes. C'est le début du *réalisme intellectuel* : l'enfant s'appuie alors sur ce qu'il connaît des objets pour les reproduire dans ses dessins. Ainsi, comme il sait qu'une table possède quatre pattes, l'enfant les dessine toutes les quatre, quelle que soit leur position. La perspective n'est pas encore présente dans ses dessins puisqu'il se fie à ce qu'il connaît des objets et non à ce qu'il voit réellement. Si on lui demande de dessiner sa maison, il reproduira une maison telle qu'il se la représente, soit quatre murs, un toit le plus souvent en pente, une porte et des fenêtres, et ce, même s'il demeure dans un appartement. Il dessine l'image mentale qu'il se fait des choses.

Les dessins de l'enfant de cet âge sont toutefois aisément identifiables : l'ensemble est plus cohérent qu'à l'étape précédente même si les proportions sont encore lacunaires. On y observe aussi certaines particularités, comme la transparence. Par exemple, s'il dessine un personnage assis dans une voiture (dont on verra les quatre roues, même de profil), il dessinera aussi les jambes du personnage. Dans le dessin

de sa maison, s'il y inclut sa maman, on la verra en totalité
à travers les murs.

Autobus en transparence

Ce n'est que vers l'âge de 7 ou 8 ans que l'enfant commence à dessiner réellement ce qu'il voit ; il est alors à l'étape
du *réalisme visuel*, il s'appuie sur l'observation des choses
pour les reproduire en respectant les particularités concrètes
des objets qu'il dessinera.

Ses *dessins de bonshommes* (voir page suivante) suivent
aussi une séquence. Vers 3 ans et demi, il commence à dessiner
des bonshommes têtards, soit un cercle qui représente à la
fois la tête et le tronc duquel émergent deux traits verticaux
représentant les jambes. L'enfant peut aussi représenter les
bras par deux bâtons. Les yeux, la bouche et le nez sont parfois reproduits, mais pas toujours. Vers 4 ans, les éléments
du visage (yeux, bouche, nez) sont dessinés et, quelquefois,
le nombril. Vers 5 ans, un second cercle apparaît sous la
tête pour représenter le tronc. Le visage compte alors plus
de détails : au nez, à la bouche et aux yeux sont ajoutés les
oreilles, les sourcils, les cheveux et parfois même le front.

Une variante possible du bonhomme têtard est le bonhomme allumette où le corps est représenté par un trait
vertical. Ce n'est que vers 5 ou 6 ans que l'enfant dessine
le cou et les épaules de même que les bras et les jambes

qu'il représente par deux lignes parallèles. Il ajoute aussi les pieds et les doigts. Puis, l'enfant ajoute des vêtements à ses bonshommes.

Dans ses représentations de bonshommes, des éléments importants peuvent manquer ou, à l'inverse, être en surnombre : par exemple, il pourrait dessiner plus de cinq doigts par main. Le dessin n'est pas nécessairement équilibré ni organisé sur la feuille : l'enfant adapte les proportions de chaque bonhomme à l'espace qu'il lui reste pour dessiner.

Bonhomme têtard

Bonhomme avec un corps

Bonhomme allumette

Bonhomme habillé

Séquences de la représentation des bonshommes

Il développe son sens de l'humour

Le développement cognitif de l'enfant comprend aussi le développement du sens de l'humour, cette forme d'esprit qui fait ressortir avec drôlerie le caractère insolite, ridicule ou absurde de certains aspects de la vie.

À quoi sert l'humour? À rendre la vie plus amusante, bien sûr. Mais encore? L'humour peut avoir une fonction de dédramatisation face aux difficultés, à l'échec. Grâce à son sens de l'humour, l'enfant peut se distancier de l'immédiat et trouver un aspect amusant à une situation de prime abord difficile ou imprévue. Sa tour de blocs tombe sans cesse malgré ses efforts? C'est peut-être que le vent souffle tellement fort aujourd'hui qu'il fait tomber toutes les constructions! Le sens de l'humour peut aussi atténuer certaines peurs de l'enfant. Ainsi, la frayeur que provoque le tonnerre peut diminuer d'un cran chez l'enfant s'il se représente un gros bonhomme assis sur les nuages et qui s'amuse à jouer du tambour. L'humour peut même avoir un effet préventif sur la violence[6]. Dans une situation difficile, plutôt que de passer à l'acte et de faire des gestes violents, l'enfant peut utiliser son sens de l'humour et apprendre à en rire. Voyons comment l'humour se développe chez l'enfant.

Au cours des deux premières années, l'enfant rit devant un comportement inattendu de ses parents; par exemple, s'ils se déplacent à quatre pattes à ses côtés. Il rit aussi quand ses prévisions s'avèrent justes, que ce soit dans le jeu de «coucou» alors que le visage de papa apparaît derrière la couverture comme il s'y attendait, ou dans un film, vu plusieurs fois, quand le personnage se fait, une fois encore, aplatir comme une crêpe comme il l'avait prévu. Contrairement aux adultes, l'effet de surprise n'a pas un effet hilarant chez l'enfant: il préfère des terrains connus et des moments prévisibles de drôlerie. Vers 2 ans et demi,

---

6. Propos d'André Masse, pédopsychiatre au CHU Sainte-Justine, recueillis lors d'une entrevue.

certains mots en lien avec l'entraînement à la propreté font rire tous les enfants : « pipi », « caca », « crotte », « pet ». Dans ces exemples, on peut parler d'une forme de « préhumour ».

Quant au véritable sens de l'humour, le jeu symbolique dont on a parlé précédemment semble en être la base. Dans ce type de jeu, l'enfant s'amuse à utiliser les objets de façon inattendue et insolite : un crayon devient une brosse à cheveux, la cuillère de bois, une baguette de tambour. Cette utilisation inhabituelle des objets est une première manifestation du sens de l'humour de l'enfant. Elle requiert toutefois que l'enfant connaisse la fonction première des objets. Alors, il trouvera amusant de les utiliser autrement.

Vers l'âge de 2 ans, comme son langage se développe, il prend graduellement plaisir à jouer avec les mots. L'enfant est alors amusé par l'appellation inhabituelle des objets. Vous voulez savoir si votre enfant est rendu à cette étape ? Devant un cheval, dites-lui : « Oh ! Le beau chien ! ». Pour qu'il trouve cela drôle, il doit d'abord savoir ce que sont un chien et un cheval, et savoir aussi que ces deux animaux ne se ressemblent pas. Il comprend alors que le jeu consiste à changer les noms, et il s'amuse à le répéter et à l'appliquer à autre chose. Cette étape ressemble à la précédente, mais elle requiert le langage. Changer les cris des animaux peut aussi faire sourire l'enfant (« Moi, mon chat jappe ») dans la mesure où il sait ce qui appartient à chacun.

À compter de 3 ans, l'enfant trouve amusant de relier des idées ou des objets qui ne vont pas ensemble : par exemple, il prend plaisir à imaginer une bicyclette avec des roues carrées, des poissons qui volent dans le ciel ou des oiseaux qui nagent sous l'eau. Pour trouver ce jeu amusant, l'enfant doit, au préalable, avoir assimilé les différentes caractéristiques des objets et comprendre le caractère insolite de ces juxtapositions.

Il développe sa créativité

Chez l'enfant, l'humour est associé à la créativité qui permet, en combinant de façon novatrice des idées ou des objets, d'envisager une situation de différentes façons ou de trouver plusieurs solutions à un problème. Des études ont souligné l'impact potentiel de la créativité, manifestée dans le jeu, sur la capacité future de la personne à résoudre les problèmes de façon originale. De fait, la créativité permet de porter un regard différent sur les événements, donc de développer une souplesse d'esprit. Plus l'enfant est créatif, plus il fait preuve d'imagination et d'ingéniosité dans sa façon d'aborder les situations, de résoudre les difficultés, et plus il peut faire les choses autrement quand la manière habituelle ne fonctionne pas. Sa créativité l'aide donc à faire face aux imprévus de la vie et à s'adapter aux différentes situations.

Un enfant créatif peut trouver plusieurs usages à un même matériel de jeu : une boîte de carton devient tour à tour une maison, un tambour et un coffre au trésor. En face de difficultés, il n'est pas pris au dépourvu et il trouve diverses solutions : ainsi, il peut appuyer contre un mur sa tour de blocs qui ne cesse de tomber, il peut la refaire en posant de plus gros blocs à la base ou encore la renforcer en mettant deux blocs côte à côte.

Considérant l'impact de la créativité sur le développement de la capacité d'adaptation de l'enfant, il faut s'assurer de ne pas freiner son imagination en lui disant qu'on trouve ses idées farfelues. Au contraire, il est bon de favoriser et de valoriser ses élans créateurs.

Qui est cet ami qu'on ne voit pas ?

« Non, maman, ne ferme pas la porte tout de suite. Didi n'est pas encore sorti. » Mais qui est donc Didi ? Son ami imaginaire, bien sûr ! Pourquoi l'enfant a-t-il besoin de s'imaginer un ami ? Croit-il qu'il existe vraiment ? Comment réagir? Lui faire comprendre que Didi n'existe pas? Entrer dans son jeu?

Plusieurs enfants, à partir de l'âge de 3 ans, s'inventent un ami imaginaire. Selon une étude menée à l'Université de Washington, à l'âge de 7 ans, 65 % des enfants rapportent avoir eu un ami imaginaire à un certain moment dans leur vie[7]. On a longtemps pensé que l'ami imaginaire était le lot des enfants uniques ou de ceux qui n'avaient pas d'amis. Maintenant, on sait que des enfants créatifs, même entourés d'amis, ont aussi des « Didi » dans leur vie. Cet ami imaginaire peut être un enfant, un animal ou un personnage.

Certains parents s'inquiètent de l'arrivée d'un tel ami dans la vie de leur enfant. Perd-il le contact avec la réalité ou commence-t-il à raconter des mensonges? Ni l'un ni l'autre. En fait, l'enfant sait très bien que Didi sort de son imagination. Pour vous en convaincre, dites-lui avec le sourire: « Tu sais, moi, je ne vois pas Didi: de quoi a-t-il l'air? ». Il sera très heureux de vous en donner une description qui pourra d'ailleurs changer avec le temps et, par son sourire, il vous remerciera d'entrer ainsi dans son jeu. Il faut éviter de ridiculiser l'enfant ou de rire de son ami imaginaire. D'ailleurs, existe-t-il une seule raison qui justifie que l'on rit d'un enfant?

Il arrive que l'enfant utilise son ami imaginaire pour expliquer ses bévues: c'est lui qui aura cassé un bibelot, renversé de l'eau sur le plancher ou fait tomber la plante. Évidemment, même si c'est son ami qui est « responsable », ce sera à l'enfant de ramasser les dégâts. L'enfant peut aussi utiliser cet ami pour manifester son désaccord avec certaines demandes de ses parents: « Didi, lui, n'est pas obligé de prendre son bain tous les soirs » ou « Ses parents ne l'obligent pas à manger des légumes ». Une simple réponse peut suffire:

7. Université de Washington. « Two-thirds of School-age Children Have an Imaginary Companion by Age 7 ». www.sciencedaily.com/releases/2004/12/041206193849.htm [Consulté le 20 mai 2014].

« Dans notre famille, ça ne fonctionne pas comme ça ». Par ailleurs, Didi pourrait vous rendre service pour motiver l'enfant à s'acquitter de ses tâches. Par exemple, si l'enfant n'a pas envie de se brosser les dents, Didi aimerait peut-être savoir où est le dentifrice et comment fait l'enfant : ce dernier deviendra pour l'occasion le professeur de Didi.

Comme on ne voit pas cet ami imaginaire, on ne peut pas lui parler directement, il faut passer par l'enfant : « Dis à Didi qu'il doit aller chez lui, on va manger ». Quand l'enfant ne parle pas de son ami imaginaire, il serait malvenu de s'en informer. L'enfant pourrait en conclure que cet ami est plus important pour nous qu'il ne l'est pour lui.

Il ne faut ni craindre cet ami imaginaire ni lui donner plus d'importance qu'il en a. Certains enfants conservent cet ami précieux pendant quelques semaines, d'autres pendant quelques années.

Le concept de la mort

La mort étant un concept abstrait, l'enfant de moins de 6 ans a du mal à le saisir. Entre 3 et 5 ans, il associe la mort à l'immobilité ou au sommeil. Il a du mal à en comprendre le caractère final. Voilà pourquoi il demande sans cesse quand la personne décédée reviendra ou il continue d'attendre un appel téléphonique de sa part. Cela explique aussi qu'à l'annonce du décès d'un proche, les jeunes enfants ne semblent pas avoir de réactions. Souvent, ils imitent les émotions des gens de l'entourage. Dans ses efforts pour mieux saisir ce concept et en tenant compte du fait que pour lui, la personne morte ne l'est pas pour toujours, l'enfant pose des questions qui peuvent étonner l'adulte : « Que mangent les morts ? Ont-ils froid ? ». On peut alors préciser que la personne décédée ne ressent plus rien, qu'elle n'a ni mal, ni froid, ni faim.

On peut expliquer à l'enfant le cycle de la vie, dont fait partie la mort, en observant une mouche écrasée sur le bord d'une fenêtre, un oiseau mort dans la cour ou en trouvant son poisson rouge inanimé dans son bocal. D'ailleurs, il peut être utile d'aborder le concept de la mort avec l'enfant avant qu'elle ne touche une personne qu'il aime.

Pour l'aider à développer une compréhension adéquate de la mort et la percevoir comme étant l'arrêt du fonctionnement du corps, il vaut mieux ne pas l'expliquer par un long voyage, ce qui alimenterait l'attente d'un éventuel retour chez l'enfant. De même, il est peu pertinent de dire au jeune enfant que la personne décédée est toujours à ses côtés ; en effet, il pourrait comprendre que la personne est devenue en quelque sorte un fantôme. Il faut aussi éviter de lui dire que la mort ressemble au sommeil, car il pourrait développer une peur d'aller au lit.

L'enfant a besoin de réponses simples et concrètes à ses questions sur la mort. Il vaut mieux limiter les explications aux questions qu'il pose. On peut lui dire que lorsqu'on est mort, notre cœur ne bat plus, nos yeux ne voient plus et nos oreilles n'entendent plus. On répétera cette simple explication à plusieurs reprises, selon le degré de compréhension de l'enfant.

Quant à la cause de la mort, mieux vaut préciser que la personne est morte non parce qu'elle était vieille, mais bien parce que son cancer, par exemple, n'a pu être guéri. Vers 4 ou 5 ans, l'enfant relie parfois de façon surprenante diverses informations. À titre d'exemple, un enfant de 5 ans dont le grand-père venait de mourir a dit : « Moi, mon grand-père est mort. » À la réplique de l'adulte : « Ton grand-père était vieux et malade », cet enfant a répondu, après quelques instants de réflexion : « Mon père a des cheveux blancs ». Son père avait effectivement des cheveux blancs, mais n'avait que 30 ans. Cet enfant venait de faire un lien entre les cheveux blancs, la vieillesse et la possibilité que son père meure aussi. De là la pertinence d'expliquer la mort par une maladie spécifique.

Pour rassurer l'enfant quant à la mort de ses parents, on peut lui préciser qu'elle ne surviendra pas avant plusieurs années, quand lui-même sera grand et plus vieux. Comme la notion de temps n'est pas complètement intégrée et qu'il a du mal à se projeter dans le futur, cette éventualité semblera presque impossible à l'enfant.

Un jeune enfant est toujours impressionné de voir pleurer ses parents. Pleurer parce qu'on a de la peine arrive aux enfants, mais quand cela survient chez un adulte, que cet adulte est le papa ou la maman et qu'il pleure parce qu'il est triste, la situation devient étonnante. Il ne faut pas pour autant que les parents se cachent pour pleurer, mais ils doivent rassurer l'enfant et lui dire qu'il n'est pour rien dans cette peine.

Pour que l'enfant puisse participer aux rituels entourant un décès et en tirer profit, il doit être capable de donner un sens à cette expérience et comprendre que les funérailles, « c'est pour dire au revoir à papi ». Selon les circonstances, la personnalité de l'enfant, la compréhension qu'il a de ces rituels et son désir ou non d'y assister, on choisira ou non de l'amener au salon funéraire, à l'église ou au cimetière. Quand les parents décident d'emmener l'enfant au salon funéraire, ils doivent lui expliquer à l'avance ce qui se passera en termes concrets : il y aura beaucoup de fleurs et de gens en larmes, la personne décédée sera couchée dans un cercueil ; son corps sera blanc et froid.

Particularités de la pensée de l'enfant d'âge préscolaire

La pensée de l'enfant de moins de 6 ans présente des caractéristiques particulières qu'il est utile de connaître pour mieux comprendre certaines de ses réactions. Tenir compte de ces caractéristiques permettra aussi d'adapter à son mode de pensée les réponses qu'on donne à ses questions.

Il a une pensée concrète

Le jeune enfant vit dans un monde concret. Il bâtit sa connaissance du monde à partir de ce qu'il voit, de ce qu'il touche. L'exemple de la table dessinée avec ses quatre pattes, quelle que soit sa position en témoigne. L'enfant saisit bien ce que fait un pompier, il sait ce qu'est un supermarché, il comprend pourquoi le camion à ordures passe toutes les semaines dans la rue. Ces éléments sont observables et concrets.

Par contre, les sentiments sont difficiles à comprendre pour l'enfant d'âge préscolaire parce qu'ils sont très abstraits. Cette compréhension se développe tout doucement et, au départ, l'enfant ne conçoit aucune nuance. Pour lui, on aime ou on n'aime pas. Dans sa façon de s'exprimer ou d'essayer de comprendre les sentiments des autres, il peut donner l'impression d'être cruel alors qu'il n'est que maladroit. En voici un exemple : une personne en fauteuil roulant présentant une déficience physique expliquait sa condition à des enfants de 5 et 6 ans. Ces enfants lui ont spontanément demandé : « Aimes-tu être handicapé ? », « Aimerais-tu pouvoir marcher ? ». Il faut voir là une tentative maladroite pour comprendre les sentiments de cette personne face à sa situation, pour tenter de se mettre à sa place.

Il comprend les choses de son seul point de vue

L'enfant d'âge préscolaire considère les choses de son point de vue. C'est ce que Piaget[8] appelle l'*égocentrisme intellectuel*. Voici une expérimentation fort simple utilisée pour étudier cette caractéristique de l'enfant : on dépose devant lui, sur une table, une maquette représentant trois montagnes de couleurs et de formes différentes. Parmi une série d'illustrations, on lui demande de choisir celle qui représente la scène qu'il voit, ce que la plupart des enfants réussissent à

---

8. J. PIAGET. *La construction du réel chez l'enfant*. Neuchâtel : Delachaux et Niestlé, 1977.

faire entre 2 et 4 ans. Par la suite, on demande à l'enfant de choisir l'illustration qui montre comment une autre personne ou une poupée, assise devant lui (donc de l'autre côté de la table), voit la scène ; les enfants choisissent souvent la même photo illustrant leur propre point de vue, incapables de comprendre que les autres voient les choses selon une perspective différente de la leur.

Diverses circonstances démontrent que l'enfant comprend les choses de son point de vue. Il nous en donne un bel exemple quand il joue à cache-cache en ne cachant que sa tête : comme il ne peut voir les autres, il présume que les autres ne peuvent le voir. Si on lui demande pourquoi le soleil brille, on peut s'attendre à une réponse du genre : « Pour que je puisse voir ». De même, l'enfant peut dire combien de frères et sœurs il a, mais non combien d'enfants ont ses parents. Il considère les autres enfants de la famille seulement par rapport à lui. Dans le même sens, il a du mal à concevoir que son père est aussi un fils, un frère ou un oncle. Il a de la difficulté à considérer les gens en dehors du rôle qu'ils jouent pour lui.

L'enfant s'appuie aussi sur ses propres expériences pour comprendre ce qu'on lui explique, particulièrement quand c'est nouveau. Il fait parfois des liens erronés : par exemple, si l'on explique à un enfant de 4 ou 5 ans que telle personne est sourde, donc qu'elle n'entend pas, il est porté à comparer cet état, qu'il ne connaît pas, à des expériences personnelles qui s'en rapprochent. Dans le cas d'une personne sourde, l'enfant risque de penser aux otites qu'il fait et, comme elles sont douloureuses, en déduire que le fait d'être sourd doit être douloureux.

Il faut toutefois préciser que cet égocentrisme se limite à la sphère cognitive et ne s'étend pas à la sphère sociale. Dès l'âge de 2 ou 3 ans, l'enfant peut être sensible à la peine d'un autre enfant et y réagir. De même, il s'adapte spontanément à un bébé dans sa façon de parler, se rendant bien compte que ce dernier ne comprend pas les choses comme lui.

Entre 4 et 7 ans, l'enfant n'envisage plus la réalité à partir de ce qu'il éprouve, mais devient capable de la considérer d'un point de vue de plus en plus extérieur à lui-même. L'égocentrisme perd alors graduellement de sa puissance.

Il ne retient qu'un seul aspect d'une situation

L'enfant d'âge préscolaire analyse les situations en n'en retenant qu'un seul aspect, à l'exclusion de tous les autres. C'est ce qu'on appelle la *centration*. L'enfant se centre sur certains aspects des apparences et ne peut donc faire de liens entre différents éléments. Par exemple, s'il voit deux enfants d'âges différents (de 4 et de 5 ans), il considérera que le plus grand est forcément le plus âgé, ne retenant que la grandeur pour en arriver à cette conclusion.

De même, jusqu'à environ 5 ans, si on transvide devant lui deux verres identiques et contenant la même quantité d'eau, l'un dans un verre étroit et l'autre dans un verre plus évasé, l'enfant affirmera que le verre étroit contient plus de liquide parce que le niveau d'eau monte plus haut. Il se centrera sur la hauteur du verre et négligera sa grosseur. Il se laisse guider par sa perception.

De plus, le jeune enfant associe une seule signification à chacun des mots, ce qui peut donner lieu à des anecdotes amusantes. Ainsi, une maman enceinte voulait faire sentir les mouvements du bébé dans son ventre à son fils de 3 ans ; elle l'a invité à mettre sa main sur son ventre en disant : « Sens-tu le bébé bouger ? ». Après quelques secondes d'hésitation, l'enfant a répondu en inspirant : « Hum, ça sent bon ». Dans la demande de sa mère, cet enfant a retenu le terme « sentir » et comme on ne peut sentir qu'avec son nez, il a répondu de la seule manière possible de son point de vue, pour ne pas déplaire à sa mère. Un autre exemple ? Une maman donne un œuf à la coque à un enfant qui en mange régulièrement. L'enfant réfléchit quelques secondes et dit à sa mère : « Maman, ce n'est pas un œuf à la coque ! ».

« Bien sûr que c'est un œuf à la coque », répond la mère. Et l'enfant de rétorquer : « Non, maman, c'est un œuf à la... poule ». Cet enfant venait d'apprendre qu'un « coq » ne pouvait pondre des œufs et que ce mot, selon son point de vue, ne pouvait désigner que le mâle de la poule.

C'est à l'âge scolaire que l'enfant entre dans la subtilité des jeux de mots. Armez-vous alors de patience parce que, trop heureux de les comprendre, il aura grand plaisir à vous raconter encore et encore des blagues consistant en des jeux de mots simples.

Il est insensible à ses propres contradictions

Tout au long de la période préscolaire, le raisonnement de l'enfant présente un caractère rigide ; il n'existe ni nuance ni variante ou exception. Il faudra attendre vers 6 ou 7 ans pour observer une pensée logique et plus objective. Cela explique pourquoi l'enfant est souvent insensible à ses propres contradictions. À un moment, il affirme telle chose et, quelques minutes plus tard, il affirme le contraire, sans percevoir ses contradictions. Ainsi, il peut dire qu'il aime tel aliment et, au repas suivant, déclarer qu'il ne l'aime pas du tout. Il change d'opinion sans que cela le perturbe le moins du monde. Dans le même sens, il peut dire qu'il n'a plus faim pour terminer son plat principal, ce qui ne l'empêche pas de préciser qu'il a encore faim pour manger du dessert. Comme il ne connaît pas encore le fonctionnement interne de son corps, l'imagination prend la relève et l'enfant peut concevoir une explication très personnelle pour tenter de convaincre l'adulte. Voyons l'explication que donne Mathilde[9] pour expliquer cette situation à sa mère : « Moi, je sais que dans mon corps, il y a deux places quand je mange : une pour la viande et les légumes et une autre pour les desserts. C'est pour ça qu'il reste toujours

9. Mathilde est une petite fille de 4 ans qui écrit son journal intime dans sa tête parce qu'elle ne sait pas écrire. Francine FERLAND. *Mathilde raconte – L'univers de l'enfant d'âge préscolaire*. Montréal : Éditions CHU Sainte-Justine, 2010.

de la place pour les desserts même si j'ai pas tout mangé avant. Je l'ai expliqué à maman, mais elle m'a pas crue ». Et dire que sa mère n'a pas été convaincue malgré l'ingéniosité de l'explication !

La pensée magique

L'enfant attribue à ses pensées un pouvoir tout-puissant. Il considère que ce qu'il imagine va arriver « pour de vrai ». Aux yeux de l'enfant de 3 à 7 ans, cette pensée magique a le pouvoir de satisfaire les désirs, d'empêcher les événements ou de résoudre des problèmes sans intervention matérielle. Ainsi, pour que le feu passe au vert, il suffit de le fixer très fort. Cette forme de pensée explique aussi pourquoi certains enfants imaginent que c'est forcément à cause d'eux que leur mère est tombée malade ou que leurs parents divorcent. Ils pensent que l'accident est la conséquence d'une pensée agressive ou d'une méchanceté de leur part.

La pensée magique connaît progressivement un déclin à l'âge scolaire, pour tendre vers une perception plus rationnelle de la réalité.

Pour se faire comprendre de l'enfant d'âge préscolaire

Compte tenu de ces caractéristiques, l'adulte a avantage à donner des réponses simples aux questions de l'enfant. Celui-ci ne veut pas une explication rationnelle ou élaborée, mais une réponse accessible, la plus concrète possible. S'il veut en savoir plus, il posera une autre question.

Il comprend davantage les phénomènes et les situations à partir des aspects extérieurs qui les caractérisent que des raisons sous-jacentes ou de leurs conséquences. Ainsi, on peut lui expliquer une visite chez le dentiste en lui décrivant ce qui se passera en termes concrets : « Tu seras assis sur une chaise bien particulière qui, grâce à un bouton, deviendra comme un lit ; et là, le dentiste regardera tes belles dents. Pour être sûr de bien les voir, il allumera une lumière au-dessus de sa tête ».

De même, plutôt que de donner une leçon élaborée de civisme à un jeune enfant qui tire les cheveux d'un autre, mieux vaut dire : « Tu ne dois pas faire ça, parce que ça fait mal à Maxime » (explication concrète qu'il peut comprendre) ou « ...parce que Maxime n'aime pas ça ».

Au départ, les consignes qu'on demande à un enfant de suivre n'ont pas beaucoup de sens pour lui. De son point de vue, il ne comprend pas pourquoi il faut faire telle ou telle chose. Vous l'aiderez à dégager le sens d'une consigne en vous appuyant sur les raisons concrètes qui la justifient. Quand vous demandez à l'enfant de ramasser ses jouets, plutôt que de faire appel à des notions d'ordre ou de propreté, précisez-lui que c'est pour éviter de se blesser en tombant dessus. Il comprendra plus facilement.

Pour savoir réagir aux propos d'un enfant, il faut tenter de comprendre les choses de son point de vue et, surtout, éviter de le réprimander pour des commentaires qui semblent étonnants à l'adulte, mais qui, en fait, ne témoignent que de son âge.

Activités pour accompagner l'enfant dans son développement cognitif

▶ Quand l'enfant est tout petit, lui offrir des jouets qui réagissent à son action en produisant des sons ou de la lumière quand il les bouge ou quand il presse un bouton : ainsi, l'enfant expérimente la relation de cause à effet.

▶ Vers la fin de la première année, jouer à faire « coucou » en mettant vos mains sur votre visage.

▶ Cacher votre visage avec une couverture et l'inviter à l'enlever, puis mettre la couverture sur sa tête pour qu'il la retire.

▶ Cacher un jouet sous une couverture et inviter l'enfant à le chercher.

▶ Quand l'enfant a environ 18 ou 20 mois, faire semblant que les objets qui sont représentés dans un livre sont réels ; sentir la rose, manger la pomme, éteindre la chandelle.

▶ Vers 2 ans, quand l'enfant connaît bien les noms des animaux, s'amuser à les intervertir. Dans la même veine, imaginer que les animaux échangent leurs cris.

▶ Quand l'enfant reconnaît bien chaque personne dans son album de photos, s'amuser à changer le nom des personnes sur certaines photos. « Regarde, grand-maman avait une moustache » en montrant la photo de grand-papa.

▶ L'inviter à trouver divers usages possibles à un même objet, sollicitant ainsi sa créativité (un bol peut devenir un tambour, un petit banc, une banque, un chapeau, un bol pour mélanger une recette…).

▶ Lui faire observer des phénomènes dans son environnement : la fonte des glaçons, les fourmis qui bâtissent leur maison, la coccinelle qui vole dans le potager.

▶ L'inviter à dessiner, puis à parler de son dessin.

▶ Vers 3 ans ou 3 ans et demi, s'amuser à imaginer des aliments insolites : « Que dirais-tu d'une tarte aux frites ? D'une soupe à la crème glacée ? », ce qui favorise le sens de l'humour de l'enfant.

▶ Jouer à « Ce serait drôle si… » : les chiens parlaient, si nous étions grands comme des allumettes… Chacun son tour, on trouve des associations amusantes et insolites.

▶ Inventer des histoires, à partir d'images, en créant des liens entre elles, en prêtant des sentiments aux personnages qui y sont représentés et en décidant de leurs actions.

▶ Inviter l'enfant à raconter une histoire qu'il a imaginée.

▶ À l'aide d'une paille, l'inviter à faire des dessins sur un carton en faisant bouger la peinture par son souffle, stimulant de la sorte sa créativité et lui permettant d'expérimenter le contrôle qu'il peut avoir sur son action pour obtenir l'effet recherché.

▸ L'inciter à trouver des solutions originales face à un problème.

▸ Lui faire découvrir l'usage d'un magnétophone jouet : comment faire pour enregistrer, pour écouter, pour revenir en arrière, pour effacer.

Tableau synthèse
Le développement cognitif[10]

De la naissance à 6 mois	› Il s'intéresse à ce qui l'entoure. › Il reconnaît les personnes ou les objets connus. › Il coordonne diverses actions : il regarde un objet, le saisit, le porte à sa bouche.
De 6 à 12 mois	› Il commence à manifester une intention dans ses comportements : il fait tel geste pour atteindre tel objet. › Il comprend la relation de cause à effet : biberon = nourriture, tel jouet = bruit. › Il commence à rechercher un jouet qu'il a fait tomber. › Il aime les jeux de « coucou ».
De 1 à 2 ans	› Il imite des actions simples. › Il comprend le concept de permanence de l'objet : une chose continue à exister même s'il ne la voit plus. › Il commence à gribouiller. › Il reconnaît son image dans le miroir. › Il commence à utiliser des symboles (mots, images, objets) et à jouer à « faire semblant ». › Dans son jeu, il change la fonction des objets. › Il se reconnaît sur les photos. › Il imite une situation qu'il a vue quelques jours plus tôt (imitation différée).
De 2 à 3 ans	› Il joue à « faire semblant ». › Il est sensible à la peine d'un autre enfant. › Il prête des intentions, des sentiments aux objets. › Il aime jouer avec les mots ; il trouve amusant de changer le nom des animaux ou des personnes.

10. Dans ce tableau, pour chaque groupe d'âge, les habiletés sont présentées selon la séquence habituelle de développement.

De 3 à 4 ans	› Il commence à dessiner, mais lui seul peut identifier ce que son dessin représente. › Il peut se créer un ami imaginaire. › Il comprend les choses de son point de vue. › Il est insensible à ses propres contradictions. › Il associe la mort à l'immobilité ou au sommeil et n'en comprend pas la permanence. › Il trouve amusant d'imaginer des juxtapositions insolites : une bicyclette avec des roues carrées. › Sa créativité se développe : il utilise de façon variée un même matériel de jeu. › Il n'associe qu'une seule signification à chacun des mots. › Il comprend mieux quand on lui donne des explications concrètes.
De 4 à 5 ans	› Ses dessins sont identifiables et plus réalistes. › Il dessine un bonhomme têtard. › Il raffole des histoires. › La pensée animiste diminue. › Il commence à envisager les choses comme étant de plus en plus extérieures à lui : l'égocentrisme diminue.
De 5 à 6 ans	› Sur son bonhomme apparaissent des cheveux, des mains, le tronc, des membres doubles, le cou. › Sa pensée devient graduellement plus logique.

CHAPITRE 7

De la dépendance à l'autonomie

L'amour d'une mère à l'égard de la vie est aussi contagieux que son angoisse. Les deux attitudes ont des effets considérables sur la personnalité totale de l'enfant.

Erich Fromm

Pour pousser droit, tout enfant a besoin de deux regards : le regard-nid, enveloppant, rassurant de la mère et le regard-envol, tourné vers l'extérieur du père. Ainsi peut-il construire sa confiance en lui et s'ouvrir vers l'avenir.

Jeannine Boissard

Le présent chapitre, consacré au développement affectif de l'enfant, fait référence aux liens que celui-ci établit avec son entourage et à l'expression des sentiments et des émotions qu'il apprend à gérer. Cette sphère de développement représente la base qui façonnera toutes ses relations futures. Cette dimension joue aussi un rôle de premier plan dans le développement de sa personnalité, laquelle constituera en quelque sorte sa manière personnelle d'agir et de réagir dans la vie. Le développement affectif de l'enfant repose fondamentalement sur l'interaction parents-enfant ; il s'appuie sur les liens établis avec les personnes les plus importantes pour lui.

Dans l'interaction qui s'établit entre un enfant et ses parents, ces derniers jouent un rôle prépondérant par leur attitude, leur comportement et leur façon de réagir, mais le bébé aussi contribue à établir cette relation par sa façon d'être et ses réactions. Il s'agit en quelque sorte d'une danse à deux où le comportement des uns influence celui de l'autre. Le bébé exprime ses besoins par des cris et des pleurs. Ce comportement appelle une réaction de la part des parents : ils le prennent dans leurs bras, le cajolent, le nourrissent et lui parlent. En répondant à ses besoins, les parents suscitent à leur tour une réaction de l'enfant qui se console et se calme : c'est ainsi qu'une synchronie et une réciprocité s'établissent entre les parents et l'enfant, et que l'attachement se développe.

L'attachement est en quelque sorte le ciment qui unit l'enfant et les parents ; le tempérament de l'enfant d'une part et les pratiques parentales d'autre part en constituent les principaux matériaux.

L'attachement

L'attachement[1] est une relation affective et réciproque entre deux personnes qui se développe progressivement et qui les unit pour les années à venir. Voyons comment l'enfant en arrive à établir un attachement particulier envers ses parents.

Au cours des premiers mois de sa vie, l'enfant réagit de la même manière avec toutes les personnes qui l'approchent. Toutefois, les réponses chaleureuses de ses parents jettent les bases du développement de sa relation d'attachement et, vers 3 mois, le bébé sourit davantage à la personne ou aux personnes les plus présentes dans son environnement.

C'est à compter de 6 ou 7 mois que l'enfant montre une nette préférence pour la personne qui s'occupe de lui et qui

---

1. D. BENOIT. « Attachment and Parent-Infant Relationships – A Review of Attachment Theory and Research ». *Ontario Association of Children's Aid Societies Journal* 2000 (44) : 13-22.

lui prodigue des soins. Cet attachement peut se manifester pour les deux parents ou pour un parent et une autre personne qui prend soin de lui ; mais en situation de détresse, il manifestera une préférence marquée pour l'une d'entre elles.

Quand il commence à explorer activement son environnement, le jeune enfant voit dans cette personne une base de sécurité de laquelle il peut s'éloigner pour s'aventurer vers de nouvelles découvertes, se sentant rassuré par sa présence. Cette personne représente son refuge : il y revient en cas de peur ou de détresse et y trouve consolation et réconfort en cas de besoin. Il puise auprès d'elle le sentiment de sa propre valeur. Il se dit : « Je dois être important puisque maman (ou papa, ou une autre personne) s'occupe de moi ».

La période de 6 à 18 mois est une période importante pour le développement de l'attachement, mais, en tout temps, le besoin d'amour, d'affection et de protection est présent. Toutefois, après 18 mois, l'enfant trouve graduellement un équilibre entre ce besoin et son aspiration à l'autonomie, à la maîtrise et à l'exploration. Il tolère donc mieux la séparation.

Pour le développement d'un attachement confiant

La qualité des interactions entre les parents et l'enfant est à la base du développement de l'attachement. Pour qu'un attachement confiant se développe chez l'enfant, l'adulte qui s'occupe de lui doit avoir deux qualités : la sensibilité aux besoins de l'enfant et la capacité d'y répondre de façon appropriée. Une personne sensible aux besoins d'un enfant est attentive à ses appels, elle capte ses signaux de détresse et sait décoder les besoins qu'il exprime. Quant à la capacité de répondre de façon appropriée aux besoins de l'enfant, cela renvoie à la capacité de réagir au bon moment et de façon chaleureuse et apaisante. Cette personne transmet alors à l'enfant un sentiment de sécurité. L'enfant comprend qu'en cas de difficulté, il peut trouver auprès d'elle sécurité, apaisement et réconfort. Même s'il peut réagir vivement lors de séparations, l'enfant se calme rapidement quand il retrouve la personne qui sait le guider et le rassurer. Des soins chaleureux, attentionnés et constants favorisent un attachement confiant de la part du bébé.

Mais être sensible à ses besoins et y répondre rapidement ne risque-t-il pas de le gâter ? Les études démontrent que le nouveau-né pleure moins souvent et dort mieux la nuit quand les adultes répondent à ses besoins avec tendresse et rapidité. À mesure que le bébé grandit et qu'il devient confiant envers son entourage, il apprend à attendre un peu les réponses de l'adulte ; les habiletés qu'il développe pour se consoler lui-même (par exemple, en portant son pouce à sa bouche) l'aident aussi à être plus patient. Par ailleurs, jusqu'entre 12 et 18 mois, il ne saisit pas complètement le concept de permanence de l'objet, comme nous l'avons déjà dit. Ses pleurs sont parfois un simple appel pour se rassurer quant à l'existence de sa mère qu'il ne voit pas. Une fois rassuré, il se calme.

Ces deux habiletés parentales — sensibilité et capacité de réagir adéquatement — demandent une disponibilité sur les plans physique et affectif. Si la mère a des problèmes de santé, par exemple si elle souffre de dépression, elle donnera tous les soins physiques à son enfant, mais elle aura du mal à être disponible sur le plan affectif. De même, si le père a de sérieuses préoccupations, en lien avec son travail par exemple, cela grugera son temps et son énergie et lui aussi aura du mal à répondre adéquatement aux besoins de son enfant.

Quand l'enfant a la chance d'établir un attachement confiant avec un adulte en particulier, il peut plus facilement s'attacher à d'autres personnes par la suite. Cela peut sembler contradictoire, mais c'est parce que l'enfant a développé un attachement confiant envers une personne qu'il peut s'en séparer et aller vers d'autres. Les études menées à l'adolescence démontrent que les enfants ayant développé un attachement confiant durant leur enfance ont une plus grande confiance en eux et manifestent davantage d'habiletés sociales.

Pour le développement d'un lien d'attachement mutuel, il doit y avoir sensibilité réciproque entre les partenaires; le bébé aussi doit être sensible aux efforts que fait le parent pour répondre à ses besoins. Ainsi, quand l'enfant pleure et qu'il se calme après que ses parents l'ont consolé et rassuré, cela les conforte dans leurs compétences parentales et contribue à accroître leur attachement à l'enfant. Pour développer une telle synchronie entre l'enfant et ses parents, il faut du temps et beaucoup de répétitions; alors, ils sauront se répondre de façon harmonieuse et avec plaisir.

Père et mère : à chacun son rôle

La théorie de l'attachement est particulièrement associée au rôle de la mère qui offre à l'enfant une base de sécurité lors de situation de stress. Daniel Paquette, chercheur et professeur agrégé à l'École de psychoéducation de l'Université de Montréal, a élaboré la théorie de la relation d'activation qu'il identifie comme étant caractéristique du père[2]. Il s'agit d'une forme d'interaction avec l'enfant qui est moins enveloppante que celle de la mère, plus brusque, exposant l'enfant plus facilement à des risques calculés, et ayant pour fonction d'activer les comportements exploratoires de l'enfant. Alors que la relation d'attachement apporte un réconfort à l'enfant, la relation d'activation stimule la prise de risques, la gestion de la colère et la résolution de conflits. Dans cette théorie, le rôle paternel consiste à stimuler l'enfant en le confrontant à l'environnement physique et social afin qu'il développe des habiletés. Il assure également sa protection en posant des limites. Le père aide donc l'enfant à s'ouvrir au monde extérieur.

---

2. Daniel PAQUETTE. « La relation père-enfant et l'ouverture au monde ». *Enfance*, 2004. 56(2):205-225.

D'ailleurs, à l'observation, on se rend compte que la mère a une approche plus verbale et didactique, qu'elle réconforte l'enfant et joue davantage à des jeux centrés sur les objets alors que le père fait des jeux plus physiques avec l'enfant, des jeux non conventionnels qui déstabilisent l'enfant et lui apprennent à réagir aux événements imprévus et à la nouveauté. Ce chercheur s'est intéressé aux jeux de bataille père-enfant et à leur rôle dans l'apprentissage de la régulation de l'agression[3]. Il en est venu à la conclusion que plus le père et l'enfant se livrent à des jeux de bataille physique, moins l'enfant montrera de signes d'agressivité avec ses pairs au cours de son développement[4]. En fait, les jeux de bataille père-enfant aideraient ce dernier à contrôler son agressivité avec les autres à la condition que dans ces jeux, certaines limites soient posées par le père, en guise de protection.

Les pères apportent donc un autre point de vue à leurs enfants, qui en bénéficient grandement. Évitons de leur demander de se comporter comme les mères ; laissons-les apporter leur contribution particulière à l'enfant.

Le tempérament de l'enfant

Tant la relation d'attachement que la relation d'activation peuvent être influencées par le tempérament de l'enfant. Dès la naissance, tous les enfants sont différents les uns des autres quant à leur manière de réagir aux personnes et aux situations. Chacun a un tempérament qui lui est propre et qui est observable dès les premiers mois de vie.

---

3. D. PAQUETTE et C. DUMONT. «Is Father-Child Rough-and-tumble Play Associated with Attachment or Activation Relationships?», *Early Child Development and Care*. 2013. 183(6):760-773.
4. P. PLUSQUELLEC. «Le père, un «mâle nécessaire» pour apprendre aux enfants à réguler leurs comportements». *Mammouth Magazine*, 3-4:2011. www.stresshumain.ca/documents/pdf/Mammouth-Magazine/Mammouth_vol11_FR.pdf [Consulté le 20 mai 2014].

Le tempérament est en quelque sorte le matériau de base à partir duquel se construit la personnalité propre de l'enfant. La notion de tempérament peut expliquer pourquoi une méthode éducative qui fonctionne très bien avec un enfant échoue avec un autre: chacun a sa façon personnelle de faire et de réagir.

Voyons de façon plus concrète ce qu'est le tempérament. Quoique cette notion ait vu le jour dans les années 1970[5], tous les chercheurs ne s'entendent pas sur ses éléments clés. Toutefois, cinq traits semblent maintenant faire l'objet d'un certain consensus[6].

▶ **Le niveau d'activité.** Très tôt, on se rend compte que certains bébés sont très énergiques et déploient une grande activité; ils bougent beaucoup et vigoureusement. D'autres sont plus calmes et moins actifs.

▶ **L'affectivité positive.** Il s'agit de la tendance à aller avec confiance vers la nouveauté (objets, personnes, situations).

▶ **L'inhibition.** À l'inverse, certains enfants réagissent à la nouveauté par des réactions de peur, de recul.

▶ **L'affectivité négative.** L'enfant exprime vivement ses émotions négatives; il réagit à la frustration avec colère, agitation, force et irritabilité.

▶ **La capacité d'attention et de persistance dans l'effort.** Il s'agit de la capacité à rester concentré sur une tâche, à focaliser son attention et ses efforts.

Ces cinq traits vont teinter la façon de réagir de l'enfant aux personnes et aux événements et influencer le quotidien. Il est plus facile de se relier avec celui qui s'adapte facilement au changement et qui accueille la nouveauté avec confiance et de façon positive qu'avec celui qui y répond de façon négative. Mais tout n'est pas toujours blanc ou noir. Un

---

5. A. THOMAS et S. CHESS. *Temperament and Development*. New York: Brunner/Mazel, 1977.
6. H. BEE et D. BOYD. *Les âges de la vie*, 3ᵉ édition. Montréal: Éditions du Renouveau pédagogique, 2008.

enfant peut accepter volontiers les nouvelles personnes, mais pas les nouveaux aliments. En prenant le temps d'identifier le tempérament de votre enfant, peut-être vous rendrez-vous compte que certains de ses comportements — que vous considérez comme négatifs — sont en lien avec son tempérament et ne sont en aucun cas liés à de l'entêtement ou à une mauvaise volonté de sa part. Ainsi, vous serez plus en mesure de réagir adéquatement à votre enfant. S'il réagit fortement aux nouvelles situations, il répondra bien à des routines qui règlent son quotidien. Le prévenir à l'avance d'un changement l'aidera à s'y préparer. Si votre enfant manifeste de vives réactions émotionnelles, certes il criera plus souvent qu'à son tour, mais il manifestera aussi intensément son amour : c'est un enfant entier.

La capacité des parents à adapter leur réaction au tempérament de l'enfant facilite grandement l'interaction avec lui. Si les parents réagissent aux comportements excessifs de leur enfant sans perdre leur calme, en comprenant que ces comportements ne sont pas la preuve de leur incompétence parentale, ils sont davantage en mesure de l'aider. Le fait d'adapter vos pratiques parentales au tempérament de votre enfant peut même atténuer certains aspects négatifs de son caractère et avoir un impact sur son adaptation ultérieure.

Votre enfant est unique. Tout au long de son développement, son tempérament et sa personnalité naissante teinteront son comportement. Pour l'aider à développer sa personnalité, à gérer ses émotions, à exprimer ses sentiments, trois mots clés s'imposent : amour, discipline et constance.

Amour, discipline et constance

Nous savons que le besoin d'**amour** est un besoin fondamental de l'enfant. Sentir l'amour de ses parents l'aide à grandir fort et droit. On ne peut jamais trop aimer un enfant. Il arrive toutefois qu'on l'aime mal, par exemple quand les cadeaux sont la seule manifestation d'affection qu'on lui donne, quand on ne souligne pas ses réussites par crainte de le rendre orgueilleux, quand seuls ses comportements inadéquats suscitent une réaction de la part de ses parents. Aimer un enfant, c'est lui dire qu'il est apprécié pour lui-même, qu'il est quelqu'un d'important pour soi et qu'on considère qu'il vaut la peine qu'on s'occupe de lui. C'est lui transmettre le sentiment de sa valeur, lui donner une vision juste de ce qu'il est. Il ne s'agit pas de lui faire croire qu'il est parfait et sans défaut, mais bien de souligner ses succès et ses progrès, et de l'aider à s'améliorer. Ainsi, il développe un sentiment de compétence, ce qui aura un impact direct sur son estime de soi.

La **discipline**[7] aussi est importante dans l'éducation d'un enfant. Établir les limites de ce qui est acceptable ou tolérable et de ce qui n'est ni acceptable ni tolérable apporte à l'enfant un sentiment de sécurité puisque, de la sorte, il connaît les balises à respecter; s'il va trop loin, il sait que ses parents l'arrêteront et le maîtriseront. Ainsi, les limites imposées par les parents aident l'enfant à connaître et à comprendre les règles qui régissent la vie dans sa famille et à ajuster son comportement. Il apprend que certaines actions, quoiqu'amusantes, ne sont pas permises, que ce soit de dessiner sur les murs, de lancer la nourriture par terre ou de répandre l'eau du bain sur le plancher. Il apprend aussi que certains comportements comme frapper ou mordre un autre enfant sont interdits, quel que soit le contexte (à la maison, chez grand-maman ou au magasin) et que ses parents l'arrêteront s'il persiste dans de tels agissements.

L'objectif de la discipline est d'enseigner à l'enfant à maîtriser ses pulsions et à en arriver à une autodiscipline. Comme l'indique le pédiatre Thomas B. Brazelton[8] : «discipline signifie enseignement, et non punition». Quand la

---

7. Pour une réflexion plus approfondie sur la discipline, voir Brigitte RACINE, *La discipline, un jeu d'enfant* (2007) et *L'autorité au quotidien, un défi pour les parents* (2013). Montréal: Éditions du CHU Sainte-Justine.

8. T. B. BRAZELTON. *Ce dont tout enfant a besoin*. Paris: Marabout, 2001, p. 226.

discipline est faite avec intelligence, c'est-à-dire avec discernement et s'exprimant par une chaleureuse fermeté, l'enfant comprend graduellement le bien-fondé des limites mises en place par ses parents. En intégrant progressivement les principes qui sous-tendent ces limites, l'enfant devient sociable et apprécié des autres.

Pour y parvenir, l'enfant a toutefois besoin de comprendre pourquoi on l'empêche de faire telle chose, de savoir pourquoi ces comportements sont interdits. Mais attention! Une explication trop longue ou trop rationnelle risque de n'avoir aucun effet, puisque l'enfant ne la comprend pas. Mieux vaut dire à un jeune enfant : « Chaque fois que tu feras ça, je t'arrêterai jusqu'à ce que tu puisses t'arrêter tout seul » que de faire appel à des valeurs qu'il ne saisit pas. Bien sûr, les limites imposées lui feront vivre des frustrations ; cela aussi fait partie de l'apprentissage de la vie.

Peu nécessaire pendant sa première année de vie, la discipline devient utile à mesure que l'enfant est plus actif, entre autres quand il commence à se déplacer par ses propres moyens. Jusque vers l'âge de 18 mois, il est toutefois facile de distraire l'enfant, ce qui évite de répéter constamment les interdits. La discipline requise est donc minimale.

Entre 18 mois et 3 ans, par contre, les limites doivent être claires, fermes et présentées avec bienveillance. L'enfant doit savoir quelles sont les balises à respecter et quelles sont les conséquences s'il les enfreint (isolement, retrait de l'activité…). Après 3 ans, il peut davantage comprendre les raisons d'un interdit.

L'enfant a aussi besoin de **constance**. L'attitude des adultes à son égard doit être prévisible ; l'enfant comprend alors plus facilement ce qu'on attend de lui et il peut prévoir les conséquences de ses actes. À l'inverse, une attitude qui est tantôt tolérante et tantôt exigeante face à un comportement donné crée chez lui un sentiment d'insécurité. Être constant avec l'enfant ne signifie pas être rigide, mais bien avoir une attitude qui ne change pas selon l'humeur des parents ; c'est donc manifester une attitude stable en lien réel avec le comportement de l'enfant et non tributaire de l'état d'esprit des parents. Il doit aussi y avoir cohérence entre les parents : les interdits doivent être les mêmes pour papa et maman. Dans l'amour comme dans la discipline, la constance des parents joue un rôle important.

Être constant, c'est aussi tenir les promesses qu'on fait à l'enfant. Celui-ci peut alors se fier à ce que lui disent ses parents. Quand on n'est pas sûr de pouvoir tenir une promesse, vaut mieux ne pas la faire pour ne pas ébranler sa confiance.

L'enfant a donc besoin de sentir l'amour inconditionnel de ses parents ; il doit être assuré que même s'ils n'acceptent pas tous ses agissements, cela ne compromet pas leur amour à son égard. De plus, l'enfant grandit mieux dans un environnement prévisible et dans lequel la discipline est claire et repose sur une chaleureuse fermeté.

Il construit sa propre image de lui-même

À la naissance, le bébé ne se perçoit pas comme une entité distincte, pas plus qu'il ne perçoit sa mère comme étant extérieure à lui. Quand il a faim, il crie et ses besoins sont satisfaits, mais il n'est nullement conscient que c'est sa mère qui y pourvoit. Puis, les délais de réaction à ses besoins deviennent plus longs et il se rend compte que sa mère n'est pas un prolongement de lui-même, mais bien une personne distincte. Au cours de la première année, il apprend donc à faire progressivement la distinction entre son environnement et lui.

Comme nous l'avons dit au chapitre 6, l'enfant se rend compte vers 18 mois que c'est sa propre image qu'il voit dans le miroir : cela représente aussi une autre étape de la conscience de soi.

En ce qui concerne son sexe, l'enfant sait qu'il est un garçon ou une fille vers 2 ans; mais pour identifier le sexe des autres enfants, il se laisse berner par la longueur des cheveux ou par les vêtements. Vers 5 ans, il comprend tant la permanence que la constance du genre, reconnaissant un garçon même s'il porte les cheveux longs ou une fille même si elle est en pantalon et porte les cheveux courts. Il tente alors de comprendre les règles dictant la conduite des garçons et des filles. Dans ses jeux, il identifie les rôles sociaux qu'il veut adopter: « Je serai le père et toi, la mère ».

De 2 à 6 ans, il se décrit progressivement à partir de caractéristiques concrètes qui lui sont propres: « Je suis grand, je suis un garçon et je sais attraper un ballon ». Ce n'est qu'à l'âge scolaire qu'il se définit par des qualités intérieures, par des caractéristiques plus abstraites et plus générales, et en se comparant aux autres: « Je suis une fille pas très bonne en sport, mais gentille et je comprends vite ».

Il exprime des émotions et apprend à les gérer

À sa naissance, le bébé exprime des émotions primaires comme la douleur, le dégoût, le plaisir. Puis, vers 2 ou 3 mois, il manifeste de la colère, de la surprise ou de la tristesse. En le consolant, en le réconfortant, ses parents l'aident à maîtriser les émotions qu'il ressent. Il réagit différemment à diverses émotions que traduisent les voix ou les visages des personnes; vers 5 ou 6 mois, il distingue différents timbres de voix ainsi que les expressions de joie, de surprise ou de peur sur un visage. Vers 2 ans, il exprime des émotions sociales comme la fierté, la gêne ou la honte, et il fait preuve d'empathie. À partir de 3 ans, l'enfant apprend quand et comment exprimer ses émotions, quand rire et quand s'en abstenir. Il apprend aussi à exprimer des émotions de convenance: par exemple, il masquera sa déception devant un cadeau qui ne lui plaît pas vraiment pour ne pas blesser une personne, il sourira pour plaire à ses parents et avoir une chance d'obtenir la gâterie tant convoitée.

Vers 2 ans, il maîtrise ses émotions de façon minimale. Quand il réagit agressivement à une frustration, ses parents doivent l'aider à contrôler son comportement. La maîtrise est d'abord extérieure (par les parents) avant d'être intériorisée par l'enfant. L'apprentissage du langage contribue aussi à ce passage, car l'enfant peut alors apprendre à exprimer son désaccord ou sa frustration par des paroles plutôt que par des gestes. Jusque-là, la plupart des enfants passent par une période normale où ils mordent, tapent ou lancent des objets.

À compter de 4 ans environ, l'enfant exprime son agressivité de plus en plus verbalement plutôt que physiquement. Lors de conflits avec les autres enfants, les injures et les railleries se substituent aux morsures, aux lancements d'objets et autres gestes agressifs. C'est déjà un premier indice de maturité. Progressivement, il exprimera ses émotions négatives de façon plus appropriée (« Je n'aime pas ça quand tu m'enlèves mon jouet sans me le demander » ou « J'étais là avant toi dans la glissoire ») et apprendra à se discipliner.

Pour aider l'enfant à gérer ses émotions et à maîtriser son comportement, il est utile de l'inciter à voir les choses du point de vue de l'autre, à développer son habileté à s'auto-observer, c'est-à-dire à découvrir comment son comportement apparaît aux autres. Expliquer les conséquences de ses actions pour les autres l'aide à prendre conscience de leurs sentiments : « Quand tu frappes Simon, ça lui fait mal ». On est souvent porté à aborder la situation sous un angle punitif en exposant à l'enfant les conséquences qu'il subira lui-même s'il ne se conforme pas à la règle établie (« Si tu mords ta petite sœur, tu iras dans ta chambre ») ; pourtant, il est plus formateur de le faire en fonction des autres, en faisant valoir le sentiment de l'autre, auquel l'enfant peut s'identifier. S'il passe à l'acte, il devra en subir les conséquences, mais c'est là un deuxième niveau d'intervention.

Il est bien sûr essentiel de lui expliquer les règles et de nuancer ce qui est acceptable et ce qui ne l'est pas : « Tu peux lutter avec papa, mais tu ne dois jamais mordre ». Enfin, il est également utile de le féliciter pour une conduite positive afin de l'inciter à la répéter : « Félicitations, tu as bien aidé Julie ! ».

Il développe sa confiance en soi

Graduellement, si les personnes de son entourage comblent ses besoins, l'enfant développe de la confiance à leur endroit. En conséquence, il développe aussi sa confiance en lui-même : il se rend compte qu'il sait exprimer ses besoins de telle sorte qu'on les satisfasse. Il est donc capable d'agir sur son environnement et ses actions sont efficaces puisqu'il obtient les résultats attendus. Ses habiletés grandissantes dans divers domaines, encouragées par son entourage, contribuent également à lui donner confiance en lui. Cette confiance de base l'accompagnera toute sa vie, lui permettra d'affronter les défis avec assurance, sans se surestimer, mais en s'appuyant sur ses capacités réelles, et de faire confiance aux autres sans toutefois se laisser trop influencer par eux.

« Non, moi tout seul ; capable »

Ayant acquis une confiance de base en ses moyens, l'enfant de 2 ans veut faire les choses par lui-même, comme en témoignent ces phrases typiques : « Capable » ; « Non », « Moi » ; « Moi tout seul ». Tout doucement, il passe d'une dépendance presque totale envers ses parents à un désir d'indépendance. Il veut explorer, décider, faire des expériences. Toutefois, on remarque chez lui une bonne dose d'ambivalence : parfois, il ne veut pas quitter sa mère, puis quelques minutes plus tard, il refuse son aide. Il faut savoir que l'enfant a besoin de s'opposer pour s'affirmer, pour grandir, mais ayant tou-jours besoin de l'amour de ses parents, il craint de le perdre, d'autant plus si ces derniers interprètent son désir d'auto-nomie comme une confrontation de leur autorité.

La réponse parentale à ce désir d'autonomie a d'ailleurs un effet sur l'estime de soi que l'enfant développera. Si l'enfant est constamment brimé dans ses tentatives, il peut sentir un manque de confiance de la part de son entourage et en arriver à douter de ses capacités. Au contraire, si son désir d'autonomie est compris et s'il jouit d'une certaine marge de manœuvre pour faire seul de petites choses ou des expériences en toute sécurité, il sent alors qu'on a confiance en ses capacités. Cela peut faire toute la différence entre un enfant qui croit en lui et un autre qui doute constamment.

La *phase du non* s'inscrit aussi dans cette période d'affir-mation. Le « non » peut même devenir la réaction spontanée de l'enfant à tout ce qu'on propose même si son « non » ne signifie pas toujours un refus.

Pour traverser cette phase sans trop de difficulté, les parents ont avantage à choisir leurs batailles. Bien sûr, ils doivent imposer des limites quant au comportement attendu, car elles aident l'enfant à s'affirmer. Sinon, à quoi pourrait-il s'opposer ? Si l'enfant veut un deuxième dessert, on a le droit de lui dire « non ». Dans ce contexte, il n'est pas nécessaire d'expliquer longuement. Il suffit de dire : « Je comprends que tu n'es pas d'accord, mais un dessert, c'est assez ». Alors, l'enfant se rend compte que ses parents détiennent l'autorité. Toutefois, il existe des batailles beau-coup moins utiles, comme d'obliger un enfant à porter tel t-shirt au lieu de celui qu'il a choisi.

Il vaut mieux cibler les règles essentielles que l'enfant doit suivre à tout prix, tout en lui laissant un peu de latitude pour les choses moins importantes. De la sorte, il s'affirme dans les petites choses et se sent respecté par ses parents en développant son autonomie.

Indépendance et autonomie, du pareil au même ?

Être autonome, c'est avoir suffisamment confiance en soi pour pouvoir décider, choisir, prendre des initiatives. Il faut distinguer l'autonomie de l'indépendance. L'autonomie, c'est conduire sa vie, décider pour soi ; être indépendant, c'est être capable de faire seul, de ne pas compter sur les autres. On est indépendant quand on fait des activités sans aide ; on est autonome quand on décide et qu'on choisit ce qu'on veut faire.

À titre d'exemple, supposons qu'un matin vous vouliez mettre de la confiture sur vos rôties, mais que vous soyez incapable d'ouvrir le pot. Vous pouvez décider soit de demander l'aide de quelqu'un, soit de manger autre chose que de la confiture. Dans cet exemple, vous êtes dépendant des autres pour ouvrir ce couvercle qui vous résiste, mais vous avez assez d'autonomie pour réagir à la situation et trouver une solution qui vous permet malgré tout de prendre votre petit-déjeuner.

Bien sûr, votre enfant doit développer au maximum son indépendance afin de s'habiller, de se nourrir, de se déplacer seul. Plus il sera indépendant, plus il se débrouillera dans la vie de tous les jours. Cependant, il importe tout autant qu'il devienne autonome, ce qui lui permettra de prendre des décisions, de faire des choix, de faire face aux situations imprévues et de résoudre les problèmes rencontrés. L'enfant doit donc développer tant son autonomie que son indépendance.

C'est par votre attitude générale que vous pouvez le plus favoriser son autonomie. Une attitude directive, par laquelle on indique constamment quoi faire et comment faire, laisse peu de latitude pour décider quoi que ce soit alors qu'une attitude plus souple permet à l'enfant de prendre tout doucement sa place. Il peut alors spontanément décider, par exemple, de mettre seul son bonnet de laine ou choisir de manger des céréales plutôt que du pain grillé au petit-déjeuner. Encourager la prise de telles décisions a un effet bénéfique sur le développement de son autonomie. De plus, l'enfant pourra, à certains moments, trouver lui-même une solution originale à ses difficultés, en utilisant ses ressources personnelles. C'est aussi cela, l'autonomie.

À mesure que l'enfant vieillit, une autre stratégie gagnante pour favoriser son autonomie est de lâcher un peu de lest, d'accepter que les choses ne soient pas faites toujours à notre façon. Un exemple? Vous demandez à votre enfant de faire son lit. Quand vous vérifiez comment il s'en est sorti, plutôt que de souligner ce qui n'est pas bien fait (la couverture n'est pas assez tirée, l'oreiller n'est pas droit), mettez l'accent sur ce qui est bien : « Tu as pensé à mettre ton doudou sur ton oreiller ? Ça fait une belle décoration. Bravo ! ». Au contraire, si vous passez constamment derrière lui pour refaire le lit, au bout de quelques jours, vous obtiendrez l'effet inverse : l'enfant ne fera pas d'effort pour faire son lit, se disant que de toute façon, vous allez replacer le tout par la suite.

Mais comment laisser une marge de manœuvre suffisante au jeune enfant pour s'affirmer tout en assurant sa sécurité ?

Vers 2 ans, la curiosité de l'enfant peut être source de dangers pour lui. Il convient alors de réaménager l'environnement en déplaçant vers le haut certains objets (CD, plantes…) et en fermant à clé certains placards[9]. À cet âge, l'enfant comprend le sens de l'interdiction, mais pas encore le sens du danger, qui ne sera intégré que vers 4 ans. On doit donc le surveiller davantage, d'autant plus qu'il est désormais capable de se déplacer par ses propres moyens.

---

9. Pour offrir un environnement le plus sécuritaire possible, voir Francine FERLAND. *Veiller à la sécurité de son enfant*. Montréal : Éditions CHU Sainte-Justine, 2010.

«Tout de suite»

Durant toute la période préscolaire, particulièrement pendant ses quatre premières années, l'enfant a du mal à remettre à plus tard la satisfaction de ses besoins : le délai qu'il peut tolérer avant d'avoir une réponse ou une réaction est court. S'il réclame quelque chose, il aura du mal à attendre longtemps pour l'obtenir. Il veut son jus *tout de suite*. Il fonctionne selon le principe de plaisir, tolérant mal la frustration de l'attente.

Cela se voit dans ses jeux : il apprécie peu un jeu qui demande un effort soutenu avant d'arriver à un résultat. Il préfère les activités de courte durée : par exemple, il aime mieux faire un dessin que reproduire un modèle de construction.

Évidemment, il doit apprendre graduellement à tolérer une certaine frustration, à accepter un certain délai avant d'obtenir satisfaction. Cela se développe tout doucement dans les situations les plus simples : attendre que maman mette son manteau avant de sortir à l'extérieur, attendre à la caisse du supermarché, attendre que la personne ait fini de parler avec papa avant de lui poser une question.

«Regarde comme je suis bon»

À mesure que l'enfant prend conscience qu'il peut faire des choses seul, il prend aussi conscience de sa valeur et développe son estime de soi, c'est-à-dire la perception qu'il a de sa valeur : capable ou non de susciter l'amour des autres, capable ou non de décider, capable ou non de réussir ce qu'il entreprend. Plus son évaluation de ses capacités est proche de ses attentes, meilleure est son estime de soi. Une bonne estime de soi est le plus beau cadeau qu'un parent puisse faire à son enfant, car celui-ci ne craint pas alors de faire de nouvelles expériences, d'aller vers les autres, de prendre sa place.

Pour y contribuer, n'hésitez pas à le féliciter pour les défis qu'il réussit à relever («Tu as mis ton pyjama tout seul. Bravo!»), à souligner avec fierté ses succès («Ton dessin est très beau! On l'affiche sur le réfrigérateur?»), à nommer ses forces («Tu sais inventer des jeux vraiment amusants»), à l'encourager lors de difficultés («C'est difficile de mettre ses souliers») et à le soutenir lors d'échec («Je suis sûr que la prochaine fois, ça ira mieux»). Ce faisant, vous manifestez votre confiance en ses habiletés et vous l'aidez à développer son estime de soi.

«Quand je serai grand, je me marierai avec toi»

De 3 à 5 ans, l'enfant développe un intérêt particulier pour le parent de sexe opposé et, vers 4 à 6 ans, il est fréquent qu'il essaie de le monopoliser, s'opposant à l'occasion au parent de même sexe. Ainsi, la mère qui veut aider sa fillette à sortir du bain ou le père qui met son fils au lit pourra s'entendre dire: «Pas toi, je veux que ce soit papa (ou maman)». On peut répondre en partie à ces demandes sans toutefois chambarder toute la routine quotidienne ni encourager constamment l'enfant dans sa quête d'amour exclusif. À certains moments, le parent réclamé n'est pas disponible et l'enfant doit l'accepter. Il faut se rendre compte que l'enfant aime toujours le parent auquel il s'oppose et qu'il peut même ressentir de l'angoisse, de la culpabilité à cause de l'exclusion qu'il réclame.

Cet attrait pour le parent de sexe opposé peut aussi se manifester par des demandes en mariage: «Quand je serai grand, je me marierai avec toi». Il est alors important d'expliquer clairement l'impossibilité et l'interdit d'un tel projet. On peut donner au petit garçon une réponse du genre: «Je ne peux pas me marier avec toi, je suis déjà mariée; je suis amoureuse de ton papa». L'enfant a besoin de voir ses parents unis par un lien qui leur appartient et de trouver sa vraie place dans la famille. Quand le petit garçon comprend qu'il ne pourra pas remplacer son père dans la vie de sa mère, il passe progressivement à l'étape suivante, celle de vouloir ressembler au parent de même sexe, de s'identifier à lui pour devenir aussi bon, fort, gentil que lui. La petite fille suivra le même cheminement. Le lien qui unit l'enfant au parent de même sexe l'oriente dans cette quête d'identité.

Problèmes « normaux » de comportement

À différents moments de son développement, l'enfant est susceptible de présenter des réactions particulières en lien avec son âge. Pour surmonter ces problèmes « normaux » de comportement, les parents doivent rassurer leur enfant, car ce sont eux qui lui servent de modèles dans ces situations.

Peur de l'étranger

Vers 8 ou 9 mois, il arrive que l'enfant ait peur des étrangers. Ce comportement n'indique pas que l'enfant devient timide ou antisocial, mais bien qu'il reconnaît dorénavant son monde familier, qu'il se sent en sécurité avec lui et qu'il y est attaché ; par extension, il prend conscience de ceux qui n'en font pas partie et il a besoin de temps pour les accepter. Ces réactions sont normales et communes à de nombreux enfants, quoique leur intensité varie beaucoup d'un enfant à l'autre.

Saviez-vous que...

La peur de l'étranger ne concerne pas les enfants. En effet, il est très rare qu'un bébé de 8 ou 9 mois manifeste une réaction de peur devant un enfant qu'il ne connaît pas.

Angoisse de séparation

Au même âge ou quelques semaines plus tard, on pourra remarquer que l'enfant commence à protester quand il est séparé de ses parents. Comme il n'a pas encore complètement intégré le concept de permanence de l'objet, il craint que ses parents soient disparus. Ce comportement aussi est une manifestation de son attachement. L'intensité de la réaction sera encore une fois très variable d'un enfant à l'autre.

Quand les parents le quittent, son « doudou » peut l'aider à mieux accepter la séparation. La plupart des enfants adoptent un tel objet (couverture, pièce de vêtement, peluche…), chargé affectivement, qu'ils traînent avec eux et qu'ils apprécient, particulièrement quand ils se retrouvent seuls dans leur lit, quand ils sont fatigués ou tristes ou lors de la séparation d'avec leurs parents. Quand l'enfant est gardé à l'extérieur, cet objet permet de faire la transition entre la maison et le nouveau lieu.

Et les mensonges ?

Le mensonge cherche à dissimuler intentionnellement la vérité et à tromper volontairement. Or, entre 3 et 5 ans, un enfant en est rarement à ce niveau de construction psychologique. Le jeune enfant peut déformer les faits ou en inventer, mais il ne s'agit pas véritablement d'un mensonge, car il n'a pas encore acquis une notion claire du vrai et du faux, de l'imaginaire et du réel[10]. D'ailleurs, on ne parle pas de mensonge chez l'enfant avant l'âge de 6 ou 7 ans.

Par contre, l'enfant d'âge préscolaire peut présenter un récit imaginaire comme étant réel ; c'est de la fabulation. Par exemple, il pourrait raconter avoir vu un camion tomber dans un trou géant duquel il ne pouvait plus ressortir ou avoir un cheval sur son balcon à la maison.

Les colères

Jusqu'à 1 an ou 1 an et demi, l'enfant a peu de moyens pour exprimer clairement son désaccord, à part les cris et les colères, et ses humeurs varient rapidement selon les situations.

---

10. Voir www.kidsmentalhealth.ca/documents/Res_KnowledgeCentre_Beh_Fr_B_W.pdf [Consulté le 20 mai 2014].

Le plus souvent, il manifeste ses sentiments de façon physique, encore trop peu habile pour le faire verbalement. Vers 2 ans, l'enfant est susceptible de faire quelques colères mémorables qui seront pires encore s'il est fatigué. C'est d'ailleurs l'âge où les colères sont les plus fréquentes et les plus intenses.

L'enfant s'énerve quand il ne parvient pas à réaliser ce qu'il veut ou à obtenir ce qu'il désire ; il peut alors se rouler par terre en criant. Il hurle dans un lieu public, réclamant à hauts cris tel ou tel objet qu'il convoite. Il faut résister à la tentation de céder à tous ses désirs pour éviter les crises, de peur d'être jugé : une telle attitude inciterait l'enfant à se comporter et à se considérer comme un enfant roi. Le plus important pour les parents, c'est de garder leur calme pendant les colères de l'enfant (plus facile à dire qu'à faire, surtout dans les lieux publics, mais cela s'apprend) : s'ils maîtrisent leur enfant tout en contrôlant leurs propres émotions, ils lui serviront de modèle. On peut aussi aider l'enfant à diminuer sa charge émotive en mettant des mots sur ce qu'on comprend de son comportement : « Je vois que tu es très fâché ».

Au moment d'une vive colère, l'enfant est incapable de comprendre les arguments rationnels qu'on lui fournit. Mieux vaut l'isoler quelque temps et en parler une fois la crise terminée. Par la suite, il faut l'oublier et passer à autre chose ; il ne sert à rien d'y faire constamment référence.

Ce type de colères s'estompe à mesure que l'enfant apprend à exprimer verbalement ses sentiments et qu'il développe des moyens plus efficaces d'arriver à ses fins, par exemple la négociation.

Les cauchemars

À partir de 2 ans, il est fréquent que l'enfant fasse des cauchemars[11] qui apparaissent surtout en fin de nuit, soit après

---

11. Pour distinguer les cauchemars et les terreurs nocturnes : www.webdlambert. com/cauchemars.html [Consulté le 20 mai 2014].

3 heures du matin. L'enfant s'éveille en proie à de grandes peurs. Il a rêvé de monstres, de géants, de sorcières ou de tout autre personnage malfaisant. Pour lui, ces personnages sont bien réels : il a encore du mal à distinguer l'imaginaire du réel. Il faut surtout éviter de nier la peur qu'il a ressentie. Les monstres ne sont pas réels, mais la peur l'est.

Pour le rassurer, on peut lui montrer avec calme qu'il n'y a aucun monstre dans sa chambre, lui demander d'expliquer ce qui lui fait peur, puis l'aider à se calmer et à se rendormir dans son lit. Amener l'enfant dans votre lit pour terminer la nuit n'est pas une solution souhaitable. En général, un enfant qui a fait un cauchemar se rappelle au matin qu'il a fait un mauvais rêve.

Les terreurs nocturnes

Quant aux terreurs nocturnes, elles se produisent généralement en début de nuit, environ une à deux heures après l'endormissement de l'enfant, jamais au petit matin. De façon générale, une crise de terreurs nocturnes ressemble à ceci : l'enfant crie, pleure à l'occasion, s'assoit dans son lit, regarde fixement, se débat parfois, paraît terrifié, transpire beaucoup, respire de façon saccadée. Son cœur bat rapidement. En fait, il n'est pas réveillé. Cinq pour cent des enfants vivent des terreurs nocturnes. Plus fréquentes entre 3 et 5 ans[12], elles peuvent toutefois se manifester aussi dès l'âge de 9 mois. Cela peut être angoissant à vivre pour le parent, car les différentes tentatives d'apaisement n'ont aucun effet sur l'enfant. Il est conseillé de lui parler doucement et lentement, de caresser son bras ou son front (s'il ne vous repousse pas), sans toutefois le réveiller ; ces petits gestes peuvent l'aider à réintégrer un sommeil paisible. La meilleure attitude est donc d'attendre la fin de l'épisode en s'assurant que l'enfant ne se blesse pas, notamment s'il se débat beaucoup.

---

12. Voir www.babycenter.fr/a7900085/les-terreurs-nocturnes-du-tout-petit [Consulté le 20 mai 2014].

Une terreur nocturne dure entre deux à trois minutes et une demi-heure. Votre tout-petit devrait retrouver son calme, se blottir dans son lit et se rendormir en l'espace de 15 à 20 minutes. Le lendemain, si vous lui demandez s'il a bien dormi, il vous répondra probablement que oui. Contrairement aux cauchemars, les terreurs nocturnes ne laissent aucun souvenir.

Certaines habitudes peuvent permettre de les éviter. Les enfants agités ou très fatigués sont plus susceptibles d'être victimes de troubles du sommeil. Les bébés d'un an et moins ont besoin de dormir en moyenne entre 13 et 14 heures par jour, avec deux siestes pendant la journée. Les tout-petits plus âgés peuvent dormir 9 ou 10 heures par nuit avec une sieste d'une heure. Pour vous assurer que votre enfant dort suffisamment, laissez-le faire des siestes plus longues et réveillez-le un peu plus tard le matin ou mettez-le au lit plus tôt le soir. Réservez également un temps calme pour le rituel du coucher, avec un bain, des chansons, des histoires et des câlins.

Diverses peurs

L'enfant peut aussi manifester diverses peurs en cours de développement. Ces peurs ne sont pas communes à tous les enfants et elles s'estompent à mesure que l'enfant vieillit.

Voyons ce qui peut faire peur aux enfants[13].

Fin de la première année

› Les étrangers et l'abandon (angoisse de séparation).
› Les bruits (aspirateur, téléphone, mélangeur...).

18 mois à 3 ans

› La chasse d'eau (peur d'être aspiré par elle).

---

13. Francine FERLAND. *Raconte-moi une histoire – Pourquoi? Laquelle? Comment?* Montréal: Éditions du CHU Sainte-Justine, 2008.

› Les mascottes, le père Noël, des enfants déguisés à l'Halloween.
› Le dentiste, le médecin (surtout si l'enfant a vécu une expérience désagréable au préalable).
› Les gros animaux (cheval, chien...).
› Les petits animaux (souris, insectes).
› Les éléments naturels (feu, tonnerre, éclairs).
› L'obscurité.

3 à 5 ans

› Le monstre sous son lit, le fantôme dans le coin de sa chambre (ses peurs viennent maintenant de ce qu'il imagine).
› L'obscurité.
› Être poursuivi, dévoré ou mordu, comme dans ses cauchemars.

5 à 6 ans

› Certains phénomènes naturels (orages, éclairs, tonnerre, feu, tempêtes).
› Les dangers réels (accidents, microbes, maladie, mort).

Concernant la peur du noir, le fait de mettre une veilleuse et de laisser sa porte entrouverte peut le rassurer. Son « doudou » peut aussi lui apporter une présence rassurante. Si l'enfant de 2 ou 3 ans a peur de divers personnages (mascottes, père Noël...), mieux vaut le laisser les regarder de loin, sans forcer la proximité et remettre à l'année suivante la prise de photo de l'enfant sur les genoux du père Noël ou avec une mascotte. Face aux animaux qui l'effraient, comme le chien d'un ami ou un éléphant au zoo, lui montrer comment se comporter peut le rassurer. Si l'enfant refuse de s'approcher de l'animal, donnez-lui le temps d'apprivoiser ses peurs : le rapprochement sera pour une autre fois.

Par ailleurs, il faut veiller à ne pas transmettre à son enfant ses propres craintes. Par exemple, si la vue des araignées ou le fait d'aller dans l'eau nous effraie, il vaut mieux confier à l'autre parent l'initiation à l'observation des araignées ou à la baignade, évitant ainsi de reproduire notre peur.

Enfin, il peut être rassurant pour l'enfant d'apprendre que ses parents avaient aussi des peurs quand ils étaient enfants. Cela lui démontre que la peur est normale et lui assure que ses parents peuvent le comprendre.

La jalousie de l'aîné

Quand un nouveau-né arrive dans la famille, il se peut que l'aîné réagisse en étant jaloux, sentiment qui peut se traduire soit par de l'agressivité, soit par des comportements régressifs. L'enfant laisse entendre qu'il souhaite voir repartir ce bébé qui accapare tant sa mère. Il pourrait recommencer à faire pipi dans sa culotte ou demander lui aussi à boire au biberon. Par ces comportements, l'enfant manifeste son désir de sauvegarder ses prérogatives. L'aîné doit apprendre à partager l'attention de ses parents qui, jusque-là, lui était entièrement acquise.

Divers trucs peuvent faciliter ce passage du statut d'enfant unique à celui d'aîné : l'amener voir le bébé à l'hôpital, l'inviter à aller avec le père chercher maman et le petit frère ou la petite sœur pour les ramener à la maison, lui demander de déballer pour le bébé les cadeaux qu'il reçoit puisque celui-ci est trop petit pour le faire lui-même, lui permettre de prendre le bébé dans ses bras (sous supervision), lui demander son aide pour aller chercher une couche propre ou un vêtement. En étant intégré au quotidien du bébé, il a l'impression d'être « grand » plutôt que d'être relégué au deuxième rang. Pour le rassurer sur l'amour de ses parents, ceux-ci doivent également consacrer régulièrement à leur aîné des moments où celui-ci est seul avec son père et sa mère.

Le stress

Le stress n'a pas d'âge et n'est pas réservé qu'aux adultes. Les enfants aussi en subissent l'influence. On pense fréquemment que le stress est le résultat de la pression du temps qui se traduit par des horaires surchargés, l'impression d'être toujours à la course, bousculé dans un quotidien essoufflant. Or, les recherches scientifiques effectuées depuis les 30 dernières années ont démontré que cette définition du stress est erronée[14], la pression du temps étant en fait une conséquence du stress et non sa cause. Trois conditions ont été identifiées pour qu'une situation soit stressante :

1) la nouveauté de la situation ;

2) l'imprévisibilité ;

3) l'absence de contrôle sur la situation.

Les enfants peuvent être plus vulnérables au stress que les adultes puisqu'ils ne possèdent pas la capacité de contrôler les situations afin d'en diminuer la nouveauté et l'imprévisibilité. Ainsi, l'enfant qui commence à fréquenter un milieu de garde se retrouve dans une nouvelle situation imprévisible qu'il ne contrôle pas : voilà une situation potentiellement stressante. Devant chaque situation nouvelle, la possibilité de stress est présente pour l'enfant, que ce soit un déménagement, la naissance d'un petit frère ou d'une petite sœur, une première visite chez le dentiste, une hospitalisation, la séparation des parents, sans oublier le stress de performance qui est souvent alimenté par les parents qui veulent que leur enfant réussisse mieux que les autres, qu'il se développe le plus rapidement possible. De plus, les enfants peuvent ressentir facilement le stress de leurs parents, en lien par exemple avec leur travail, un climat familial tendu, une séparation ou un divorce à venir.

---

14. S. LUPIEN. « Le stress chez les enfants et les parents : parle-t-on de la même chose ? ». *Mammouth Magazine*, 1, 6-8:2006.

Si le niveau de stress est trop élevé, diverses manifestations pourront être observées chez l'enfant[15,16] : tics, bégaiements, irritabilité, opposition, passivité, maux de tête, maux de ventre, difficulté à se détendre ou à dormir, fatigue excessive.

Plusieurs études[17] ont démontré que lorsque les parents agissent de manière à diminuer la nouveauté et l'imprévisibilité (par exemple, par une visite préalable du milieu de garde avec l'enfant, par une explication concrète de ce qui va se passer à l'hôpital ou chez le dentiste…), ils peuvent augmenter le sentiment de contrôle chez l'enfant et, par extension, diminuer son stress.

Lorsque nous sommes stressés, notre corps sécrète une hormone, le cortisol. Quand l'enfant accumule des hormones de stress dans son cerveau, il doit réussir à les éliminer. Le jeu actif à l'extérieur est un bon moyen d'y parvenir[18]. L'activité physique régulière augmente la production d'endorphines qui contrent le cortisol : jouer dehors peut donc contrebalancer les situations stressantes. De plus, dans le jeu, l'enfant contrôle la situation qui n'est ni nouvelle ni imprévisible pour lui.

Nous ne pouvons pas éviter tous les agents stressants de la vie et nous ne devons pas tenter de protéger nos enfants de manière à ce qu'ils n'y soient jamais exposés. En fait, cette façon d'agir, qui s'appelle la *surprotection*, peut causer plus de tort que de bien, car les enfants ainsi surprotégés développent à long terme très peu de résistance au stress et ont beaucoup de mal à faire face à leur premier agent stressant majeur. Si on ne doit pas les surprotéger, il faut toutefois les aider à gérer leur stress.

---

15. G. GEORGE. *Ces enfants malades du stress*. Paris : Éditions Anne Carrière, 2002.
16. www.acsm-ca.qc.ca/assets/stress-chez-enfants.pdf [Consulté le 20 mai 2014].
17. S. LUPIEN. « Le stress ne discrimine pas l'enfant de son parent ». *Mammouth Magazine*. 1, 17:2006.
18. Francine FERLAND. *Viens jouer dehors – Pour le plaisir et la santé*. Montréal : Éditions du CHU Sainte-Justine, 2012.

Pour accompagner l'enfant dans son développement affectif

Le développement affectif d'un enfant ne s'appuie pas sur des activités précises qu'on fait avec lui, mais bien davantage sur une attitude qui traduit nos sentiments à son égard. Déjà, nous avons fait plusieurs suggestions dans ce sens dans les pages précédentes. Mentionnons-en quelques autres.

▶ Pour dire votre amour, prendre l'enfant dans vos bras, lui sourire, lui parler, le caresser, lui chanter des chansons.

▶ S'il est effrayé, le rassurer en lui parlant doucement.

▶ Un rituel précédant le dodo peut aider à le préparer à passer une bonne nuit. Faire chaque soir les mêmes gestes dans le même ordre (prendre le bain, brosser les dents, aller à la toilette, se faire raconter une histoire) lui apporte un sentiment de sécurité. Par ailleurs, pendant la journée, il faut éviter de lui dire : « Si tu ne fais pas ça, tu vas au lit », puisque le fait de se coucher devient alors une punition, ce qui ne l'incitera pas à y aller de bon cœur le soir venu. Il est donc préférable de lui dire : « Si tu continues, tu vas dans ta chambre, c'est un bon endroit pour te calmer et réfléchir ».

▶ Prendre le temps d'observer votre enfant pour découvrir ses préférences et en tenir compte dans les activités que vous faites avec lui.

▶ Quand son horaire devient plus chargé, penser à lui laisser des temps libres pour qu'il apprenne à s'organiser, à décider lui-même ce qu'il veut faire.

▶ L'encourager à prendre des initiatives, des décisions, à faire des choix. Au début, limiter ses choix à deux options : « Que veux-tu manger ce matin, des céréales ou du pain grillé ? », « Quel t-shirt veux-tu porter, le bleu ou le blanc ? ». Plus tard, il pourra décider tout seul sans avoir besoin qu'on lui précise les choix possibles. En demandant à l'enfant de choisir, vous lui montrez que vous le jugez capable de décider et il en retire de la fierté. En même temps, vous lui donnez l'occasion de découvrir ses préférences.

▸ S'il a de la difficulté à exécuter une action, lui donner des indices de solution («Et si tu essayais de telle façon?») plutôt que de résoudre vous-même le problème. Utiliser l'humour pour rendre les difficultés moins épineuses. Imaginons que l'enfant essaie de mettre tout seul son bonnet de laine et que celui-ci descende trop bas, au point de lui cacher une partie du visage. Vous pouvez lui dire: «Hé! Tes yeux ont disparu! Où sont-ils?». Cela le fera sourire et l'incitera davantage à poursuivre ses efforts que de lui dire: «Non, ce n'est pas comme ça qu'on fait». Il ne faut pas supprimer tous les défis et toutes les difficultés, qui sont de précieuses sources d'apprentissage, mais plutôt aider l'enfant à les surmonter et à les résoudre.

▸ Encourager les initiatives que prend l'enfant: «Tu veux te brosser les dents tout seul? D'accord, tu vas essayer».

▸ Prendre du temps pour jouer avec votre enfant, pour rire avec lui, pour établir une complicité entre vous. Comme nous le verrons au chapitre 9, le jeu est un moyen extraordinaire pour établir une interaction riche et agréable avec un enfant. On peut établir une période fixe de 15 minutes tous les soirs pendant laquelle papa ou maman — ou les deux — jouent avec lui au jeu de son choix. Pendant cette période, aucune interruption n'est permise (téléphone ou autre).

▸ Quand vous jouez avec lui, suivez son rythme et laissez-le décider à quoi et comment il veut jouer. Cela lui fait comprendre que vous avez confiance en ses capacités personnelles et contribue au développement de son auto-nomie et de son estime de soi.

▸ Quand il est tendu ou anxieux, l'aider à se détendre en lui faisant faire des exercices de relaxation, en lui faisant prendre conscience qu'il peut maîtriser la tension de son corps : « Ferme les yeux. Maintenant tes bras sont lourds, tes jambes aussi. Tu es très bien. Tu es tout mou ».

Les deux suggestions les plus importantes sont probablement celles-ci :

▶ Prendre le temps de l'écouter afin de lui faire comprendre que ses idées ont de la valeur et que vous tenez à les connaître. Il est tout aussi important de l'écouter que de lui parler.

▶ Ne pas hésiter à lui dire et à lui répéter que vous l'aimez. Peu importe son âge, l'enfant a toujours besoin d'amour et d'affection ; c'est sa nourriture affective, et cela l'aide à grandir.

Tableau synthèse
Le développement affectif[19]

De la naissance à 6 mois	› Il exprime ses besoins par des cris et des pleurs. › Il manifeste des émotions primaires : douleur, dégoût, plaisir. › Il sourit à la vue d'une personne. › Il peut manifester de la colère, de la surprise, de la tristesse.
De 6 à 12 mois	› Il décode les émotions des autres par l'expression de leur visage. › Il commence à s'attacher à une personne en particulier. › Il a parfois peur des étrangers. › Il réagit parfois mal quand il est séparé de ses parents, particulièrement de sa mère.
De 1 à 2 ans	› Quand il crie ou se fâche, on peut le distraire et attirer son attention sur autre chose (jusque vers 18 mois). › Il a besoin de limites claires. › Il développe sa confiance en lui. › Il tolère mieux d'être séparé de sa mère.

19. Dans ce tableau, pour chaque groupe d'âge, les habiletés sont présentées selon la séquence habituelle de développement.

De 2 à 3 ans	› Il fait parfois de grosses colères. › Il a du mal à attendre pour obtenir ce qu'il veut. › Il s'oppose parfois aux demandes de ses parents. › Il veut faire certaines choses seul. › Il peut exprimer de la fierté, de la gêne, de la honte. › Il sait s'il est un garçon ou une fille. › Il éprouve certaines peurs, par exemple la peur du noir, du père Noël. › Il apprend peu à peu à exprimer verbalement son désaccord, sa frustration. › Il fait parfois des cauchemars.
De 3 à 4 ans	› Il se décrit par des caractéristiques concrètes. › Il peut comprendre les raisons d'un interdit. › Il prend des initiatives. › Certaines situations peuvent lui faire peur (visite chez le dentiste, chez le médecin). › Il manifeste un intérêt particulier pour le parent de sexe opposé.
De 4 à 5 ans	› Il apprécie qu'on explique les limites qu'on lui impose. › Il exprime son agressivité verbalement plutôt que physiquement. › Il accepte mieux les frustrations. › Il tolère un certain délai avant de voir ses besoins satisfaits.
De 5 à 6 ans	› Il comprend la constance des sexes (garçon/fille). › Il peut soutenir un effort un certain temps avant d'en voir le résultat concret. › Il contient ses émotions. › Il commence à s'identifier au parent du même sexe, s'intéressant à sa façon de faire, à ses intérêts.

CHAPITRE 8

De l'indifférence aux autres à la sociabilité

Ceux que l'on met au monde ne nous appartiennent pas... Ils ont une vie à vivre. On n'peut pas dessiner les chemins qu'ils vont suivre. Ils devront décider.

Linda Lemay

Les enfants ont plus besoin de modèles que de critiques.

Joseph Joubert

Tout au long de la période préscolaire, l'enfant développe ses compétences sociales : il apprend les règles de conduite et l'art de vivre en société. Savoir attendre son tour, partager, entrer en contact et collaborer avec les autres, faire sa place tout en respectant les droits d'autrui n'est pas inné. L'enfant développe progressivement ces capacités, particulièrement par la fréquentation d'autres enfants, ce qui l'amène à être sociable.

Pour le jeune enfant, la famille est le premier lieu de socialisation ; il y établit ses premières relations avec sa mère, son père ou une autre personne qui s'occupe de lui et ces relations pavent la voie aux relations suivantes.

Les parents sont donc la première source d'influence pour le développement des habiletés sociales de l'enfant.

Par sa relation avec ses parents, l'enfant découvre les comportements qui reçoivent leur approbation ou leur désapprobation, et il développe ses premières stratégies pour entrer en contact avec les autres. Plus tard, il transférera les habiletés sociales acquises dans sa famille à d'autres situations et avec d'autres personnes. Ses parents sont aussi ses premiers guides pour l'amener à une autodiscipline de ses émotions, ce qui lui permet de développer de l'empathie et de répondre aux attentes des autres. Pour y arriver, l'enfant doit lui-même avoir senti qu'il était l'objet d'empathie de la part de quelqu'un d'autre. Et qui est mieux placé pour le faire sinon ses parents?

Les relations de l'enfant avec les autres enfants sont toutefois de nature différente de celles qu'il établit avec ses parents et elles remplissent des fonctions différentes[1]. Entre les parents et l'enfant, il s'agit d'une relation *verticale* qui s'appuie sur l'attachement établi entre eux et dans laquelle les parents ont un pouvoir social sur l'enfant. Ce type de relation apporte à l'enfant sécurité et protection, et lui apprend les habiletés sociales fondamentales. Par contre, la relation entre l'enfant et ses compagnons est de type *horizontal* et égalitaire: chacun détient un pouvoir équivalent. Ces relations avec d'autres enfants, avec des amis ou avec ses frères et sœurs lui permettent de mettre en pratique ses habiletés sociales et de découvrir l'amitié. Ces deux types de relations (vertical et horizontal) sont essentiels au développement social de l'enfant.

Dans le présent chapitre, nous verrons la séquence de développement des habiletés sociales de l'enfant qui lui permettent progressivement des échanges harmonieux avec les autres.

---

1. W. Hartup. « The Company They Keep : Friendships and Their Developmental Significance ». *Child Development* 1996 (67) : 1-13.

Il prend conscience de l'autre

Vers 6 semaines, le nourrisson, par son sourire, commence à établir un premier échange avec les autres. Auparavant, on le voyait sourire aux anges après la tétée, les yeux fermés, mais c'était un sourire de satisfaction physiologique. À compter de 6 semaines environ, on observe son *premier sourire social*, en réaction à la présence ou au regard d'une personne. Devenu conscient de la présence des gens autour de lui, l'enfant réagit aussi à leurs actions : il les regarde, les suit des yeux, gazouille, réagit à leur présence en bougeant les bras et les jambes. Il manifeste un intérêt croissant pour la présence des autres et leur contact. Comme nous l'avons dit au chapitre précédent, l'enfant s'attache à certaines personnes plus qu'à d'autres. Cet attachement peut se manifester aussi pour un frère ou une sœur : parfois, son frère ou sa sœur le fait rire comme nul autre et cela contribue à leur attachement mutuel. Mais tout petit, il n'a pas d'attrait particulier pour les autres enfants ; il leur manifeste un intérêt semblable à celui qu'il porte aux adultes. Deux bébés assis l'un en face de l'autre vont se regarder, se toucher, se sourire.

Il s'intéresse aux autres enfants

Vers 1 an, son intérêt pour la compagnie d'enfants est manifeste, même s'ils ne jouent pas encore ensemble. À cet âge, l'enfant se fâche rarement et commence à manifester une sensibilité aux autres. Il peut réagir à un enfant qui pleure en le caressant ou en l'embrassant. Quelques mois plus tard, il tentera même de le consoler en lui offrant un jouet.

Puis, vers 18 à 24 mois, son intérêt pour les autres enfants va grandissant. Il s'intéresse à ce qu'ils font, non pas pour prendre une part active à leurs jeux, mais plutôt à titre d'observateur attentif : c'est l'étape du *jeu parallèle*. Son plaisir vient du seul fait qu'il se trouve à côté d'autres enfants, par exemple dans un carré de sable ou dans une salle de jeu. À cet âge, il n'y a pas d'activités partagées entre eux, mais ils aiment s'adonner à une même activité en parallèle.

En observant les autres, l'enfant remarque ce qu'ils font, comment ils jouent, comment les adultes réagissent et, ainsi, il apprend graduellement à agir de manière à partager des activités avec eux plus tard. Les autres peuvent aussi lui servir de modèles ; il est tenté de reproduire ce qu'il observe dans sa propre activité, et cela enrichit son répertoire de jeux.

À cet âge, l'enfant apprend certains comportements sociaux, comme saluer les personnes connues en disant : « Bonjour ». Puis il applique cet acquis à d'autres personnes (la nouvelle éducatrice à la garderie, de nouveaux partenaires de jeu). Au fil du temps, il sait à qui dire bonjour et à qui ne pas parler (étrangers) : il apprend à savoir quand et quoi dire.

Il découvre la notion de propriété

Jusqu'à l'âge de 2 ans environ, l'enfant considère que tout ce qui se trouve à sa portée lui appartient et le jouet de l'autre enfant est en général plus attirant que celui qu'il a en main, ce qui ne va pas sans créer quelques disputes : « C'est à moi ! », « Donne ! ». Comme l'enfant n'a pas encore beaucoup de moyens pour manifester son désaccord, il crie, trépigne et parfois tire les cheveux ou mord l'autre enfant pour obtenir l'objet de sa convoitise.

Avant l'apprentissage du partage, l'enfant doit d'abord comprendre la notion de propriété, ce qui se fait généralement vers l'âge de 2 ans : tel jouet est à lui, tel autre est à son compagnon. À cet âge, comme cette notion est toute nouvelle pour lui et prend quelque temps à bien s'intégrer, il n'est pas encore très enclin à partager spontanément son matériel de jeu.

Un truc pour aider l'enfant à développer cette notion de propriété est de jouer à savoir à qui appartiennent les vêtements sortis du sèche-linge ou les objets de la maison : « À qui est cette jupe ? À toi ? Non, à ta sœur. Et ce pyjama ? À moi ? Non, tu as raison, c'est ton pyjama ».

Par ailleurs, avant d'être en mesure de prêter ses jouets, l'enfant de cet âge trouve plus facile d'échanger un jouet avec un autre. Il comprend alors que lors d'un échange, il obtient quelque chose en retour. Il acceptera plus volontiers de procéder à un échange d'abord avec un adulte, ayant davantage confiance que son jouet lui reviendra. Vous pouvez donc jouer avec lui à échanger des jouets : « Pourrais-tu me prêter ton crayon rouge une minute ? En retour, moi, je peux te prêter mon crayon bleu ».

Il partage avec les autres, puis collabore avec eux

Vers l'âge de 3 ans, deux ou trois enfants peuvent s'adonner à une même activité, mais la supervision de l'adulte est nécessaire, car les querelles sont fréquentes. L'adulte ne doit pas faire office de policier, mais plutôt aider les enfants à négocier, à régler eux-mêmes leurs différends, par exemple en leur montrant comment demander les choses adéquatement ou en suggérant de prêter un jouet en retour de celui que l'enfant demande. À compter de cet âge, l'enfant aime nettement mieux passer du temps avec des compagnons que de jouer seul.

Quand cet intérêt à jouer avec les autres est très présent, on observe chez l'enfant certains comportements qui démontrent qu'il commence à penser aux autres : il s'offre pour aider un autre enfant qui s'est fait mal, il réagit avec sympathie à l'enfant ou à l'adulte qui paraît triste. Bien que l'enfant de cet âge soit égocentrique dans sa compréhension de l'environnement (il comprend les choses de son seul point de vue : voir le chapitre 5), cette caractéristique ne semble pas s'appliquer à ses relations aux autres, quand il n'est pas lui-même concerné par la situation. De fait, il commence à pouvoir se mettre à la place d'une autre personne et à comprendre qu'elle est chagrinée quand elle subit un échec, joyeuse quand elle réussit et triste quand elle ne trouve pas un objet qui lui tient à cœur. À ces diverses émotions, l'enfant commence à réagir avec altruisme.

Par ses activités avec les autres, l'enfant apprend graduellement à partager, à attendre son tour, à respecter les droits des autres, à coopérer avec eux dans une activité commune et à faire des compromis. Il découvre de la sorte les règles de la vie en société ainsi que les plaisirs de l'amitié.

Pour se lier efficacement aux autres et pour démontrer des comportements altruistes, l'enfant doit cependant apprendre à maîtriser ses émotions. Comme nous l'avons dit au chapitre précédent, la maîtrise des émotions passe graduellement des parents à l'enfant lui-même. Entre 2 et 4 ans, l'enfant s'approprie les normes sociales et, progressivement (parfois très progressivement), il finit par avoir moins besoin de contrôle extérieur.

Avant d'en arriver à cette maîtrise des émotions et des comportements, les querelles entre enfants sont assez fréquentes et elles surgissent surtout avec des partenaires qu'ils connaissent bien ; elles sont en quelque sorte une preuve d'intimité. C'est pourquoi on observe souvent davantage de conflits entre les frères et sœurs qu'entre des enfants qui se connaissent peu ou qui fréquentent la même garderie. À la garderie, l'enfant n'a pas à partager avec les autres les personnes qui lui sont les plus précieuses, c'est-à-dire ses parents, comme c'est le cas à la maison avec ses frères et sœurs : cela explique aussi qu'il soit en général plus calme à la garderie.

Il se fait des amis

Très tôt, certains enfants manifestent des signes d'amitié. Entre 14 et 24 mois, ils peuvent montrer une préférence marquée pour l'un ou l'autre des enfants qu'ils côtoient à la garderie. À l'âge préscolaire, un ami est un bon partenaire de jeu avec qui on a du plaisir et peu de conflits. Ainsi, un enfant qui est souvent réprimandé par l'éducatrice ne sera pas recherché comme ami : les autres auront peur d'être eux aussi grondés s'ils jouent avec lui.

Les amitiés de cet âge sont basées sur la proximité, soit le fait que les enfants se voient souvent, et sur des intérêts de jeu communs. Quoiqu'on puisse observer de telles amitiés dès l'âge de 2 ans, elles sont plus fréquentes à 3 ou 4 ans. Vers 4 ans, l'enfant a, en général, un « meilleur ami ».

Dans une situation nouvelle, les paires d'amis se soutiennent mutuellement, ont des interactions prolongées et des comportements positifs entre eux. L'amitié devient exclusive pour certains, deux enfants devenant inséparables pour faire les activités. Toutefois, les amitiés sont le plus souvent instables à cet âge. Les deux meilleurs amis du monde aujourd'hui peuvent ne plus se parler demain parce qu'« il n'est plus mon ami ».

L'amitié devient plus importante à l'âge scolaire. Elle s'appuie alors non seulement sur la proximité physique et les intérêts de jeu communs, mais aussi sur la confiance réciproque.

L'animal inanimé et l'animal vivant : partenaires de l'enfant

L'animal est un autre partenaire de l'enfant qui partage son quotidien. Quoique tous les enfants n'aient pas un animal à la maison, la grande majorité des livres d'images, des histoires et des films qui leur sont destinés mettent en vedette un animal. Très tôt, l'enfant développe un intérêt particulier pour l'un ou l'autre de ces personnages, que ce soit Hello Kitty®, Némo®, les Angry Birds® ou la souris Mickey®. Dans sa chambre se retrouvent aussi d'autres animaux : un chien, un lapin ou un ourson en peluche.

Ces animaux (peluches ou personnages de films) peuvent s'avérer des amis qui partagent les jeux de l'enfant, tenant fidèlement le rôle que celui-ci attend. Ils sont des partenaires on ne peut plus dociles : si l'enfant décide que la peluche s'assoit à tel endroit, elle y reste sans broncher. Comme ces animaux sont inanimés, l'enfant est le seul maître de la situation. Il décide ce qu'ils doivent faire et il peut les traiter comme il veut. À l'occasion, il peut même passer sa frustration sur l'un d'eux, sans conséquence. Ces animaux peuvent également devenir des amis qui consolent, qui réconfortent l'enfant lors de difficultés, de séparations ou de moments de tristesse.

Et l'animal en chair et en os ? Un animal vivant, contrairement à celui en peluche, est une réalité dont l'enfant doit tenir compte : il faut le nourrir régulièrement, le sortir, le faire garder en notre absence. Contrairement à l'animal en peluche, il ne veut pas toujours jouer quand l'enfant le désire. Celui-ci ne peut pas déguiser l'animal comme bon lui semble ou lui tirer la queue parce qu'il trouve cela drôle. La réaction de l'animal le lui montre rapidement. L'enfant apprend donc à tenir compte de son animal, à faire des compromis et à développer sa patience.

Tous les enfants d'âge préscolaire réclament un jour ou l'autre un animal domestique à leurs parents. Pour maximiser leurs chances de succès, ils promettent de s'en occuper à 100 %. Bien qu'ils soient très sincères dans leurs promesses et qu'ils puissent participer à la préparation des repas de l'animal et aider à sa toilette, ils ne sauraient en assumer complètement la charge. S'occuper de l'autre, respecter ses engagements et assumer ses responsabilités sont des acquis qui se développent à l'âge scolaire. Un enfant de 10 ans saura le faire, mais pas un enfant de 4 ou 5 ans. Mieux vaut le savoir avant d'accéder à sa demande.

L'enfant unique et celui qui a des frères et sœurs

Un enfant qui a des frères et sœurs développe-t-il plus facilement ses habiletés sociales ? Au sein d'une fratrie, il doit très tôt tenir compte des autres, accepter des différences d'opinions, gérer des conflits, partager ses jouets et ses parents. Ces apprentissages en famille constituent un atout important pour favoriser les habiletés sociales de l'enfant.

Le statut d'enfant unique aussi présente des avantages : cet enfant bénéficie de l'attention exclusive de ses parents et d'une stimulation intellectuelle individualisée, pourrions-nous dire. Par ailleurs, il apprend très tôt à s'adapter à la solitude et cela peut favoriser son autonomie. Toutefois, ne pas connaître la jalousie à l'arrivée d'un petit frère ou d'une petite sœur, n'avoir jamais eu à attirer l'attention de ses parents présente des inconvénients. Habitué à être adulé par ses parents, il peut être difficile pour lui de comprendre que l'amour des autres se gagne et que leur intérêt se mérite. Privé des bagarres, des disputes et des réconciliations qui sont le lot quotidien des fratries, l'enfant unique se retrouve souvent désarmé quand il s'agit de défendre son intérêt ou d'imposer ses choix.

Mais de nos jours, l'enfant unique est beaucoup moins isolé qu'autrefois, fréquentant un milieu de garde au même âge que les enfants ayant des frères et sœurs. Cette socialisation peut pallier l'absence de fratrie et éviter que ses habiletés sociales se développent plus tardivement. Il est donc important, d'une part, de ne pas le surprotéger et, d'autre part, de lui offrir suffisamment d'occasions d'être en contact avec d'autres enfants.

L'enfant populaire et l'enfant impopulaire

Quelles sont les caractéristiques de l'enfant qui est apprécié des autres enfants et celles de l'enfant qui est impopulaire ? L'enfant populaire, aimé des autres, se comporte de façon positive et non agressive envers eux. Il est capable de maîtriser les émotions fortes. S'il est attentif aux autres, ouvert, sociable, il est perçu comme étant sympathique. S'il a un talent particulier dans un domaine ou un autre (jeu de ballon, dessin), cela ajoute à sa popularité, à la condition qu'il n'en tire pas une fierté démesurée. Une apparence physique agréable ajoute aussi à son attrait par les autres.

À l'opposé, l'enfant impopulaire parle beaucoup, sans écouter les autres : il prend beaucoup de place dans un groupe et manifeste à l'occasion de l'agressivité, parfois même de la tyrannie. Il gère mal ses émotions. Son humeur changeante, sa tendance à manipuler les autres et à leur mentir minent leur confiance. C'est un enfant égoïste, très tourné vers sa personne.

Impact mutuel des sphères cognitive, affective et sociale

Les sphères cognitive, affective et sociale s'influencent mutuellement. Ainsi, le contact avec les autres aide l'enfant à se décentrer de son propre point de vue (égocentrisme intellectuel) et le sensibilise au fait que les autres sont différents de lui. Si un copain venu jouer avec lui à la maison s'ennuie, l'enfant doit régler la situation pour que ce soit agréable pour les deux. Ses jeux avec les autres sont donc l'occasion de pratiquer diverses habiletés qui stimulent son développement cognitif, par exemple résoudre des problèmes, imaginer des jeux, jouer à faire semblant et développer son sens de l'humour. Inversement, plus l'enfant démontre de telles habiletés, plus ses contacts avec les autres sont riches et stimulants.

Sur le plan affectif, les relations aux autres font vivre à l'enfant un éventail d'émotions dans un contexte d'égalité. Il vit des déceptions, des colères, des joies et des fous rires. Dans ce type de rapports égalitaires, il fait diverses expériences qui entraînent des frustrations (il ne peut pas toujours être le premier ni toujours tout décider ; il doit attendre son tour) avec lesquelles il apprend à composer. De plus, les délais inhérents aux activités l'aident à tolérer une certaine attente avant d'obtenir satisfaction. Graduellement, dans son contact avec les autres, il apprend à maîtriser ses émotions. Plus le développement affectif de l'enfant est harmonieux et plus il tisse un lien de confiance avec les siens, plus il est en mesure de partager agréablement les activités avec les autres.

Activités pour accompagner l'enfant dans son développement social

De la naissance à 1 an

▶ Attirer l'attention de votre bébé sur les personnes qui lui parlent.

▶ Répondre à ses sourires, qui sont ses premiers contacts sociaux.

▶ Encourager ses déplacements pour vous rejoindre ou tenter d'aller vers quelqu'un d'autre : « Viens-tu me voir ? », « Regarde ton frère, vas-tu le voir ? ».

▶ Lui tendre un jouet : « Tu veux ton ourson ? ». Peut-être lui-même vous en offrira-t-il un en retour ? Il s'agira d'un premier échange d'objets entre vous deux.

De 1 à 3 ans

▶ Lui donner la chance de jouer à côté d'autres enfants en l'amenant au parc, chez des amis, dans la famille.

▶ Lui indiquer ce qui est à lui (vêtements, jouets...), ce qui appartient à ses frères et sœurs et ce qui appartient à toute la famille (téléviseur, shampooing, DVD).

▶ Ne pas forcer l'enfant à jouer avec les autres s'il n'en a pas envie, mais l'amener plutôt à observer ce qu'ils font, à s'intéresser à leurs activités.

▶ Féliciter l'enfant quand il accepte de faire un échange avec un autre enfant ou de lui prêter un jouet.

▶ Tenter de prévenir des frustrations inutiles qui seraient susceptibles d'entraîner des comportements agressifs en évitant de lui proposer des jeux trop difficiles, comme un casse-tête trop avancé pour lui.

▶ Lui réserver un endroit personnel où ranger ses jouets.

▶ Jouer avec lui à prêter et à emprunter des objets : « J'ai une belle balle ; je peux te la prêter. Tu la veux ? La voici ; et toi, que peux-tu me prêter ? », ce qui lui enseigne le principe de réciprocité.

▶ Quand il reçoit un nouveau jouet, lui donner le temps de jouer avec ce jouet avant de lui demander de le prêter.

▶ Lors de la visite d'un petit ami, ranger à l'avance avec l'enfant ce qu'il ne veut pas prêter ou partager et sortir les jouets avec lesquels tous deux peuvent jouer.

▶ Éviter de gronder l'enfant qui refuse le partage ; mieux vaut expliquer à l'autre enfant : « Il n'a pas envie de te prêter ce jouet pour l'instant ».

▶ Protéger le droit de l'enfant à la possession exclusive d'un objet qui a une charge affective pour lui (son ourson, sa poupée), en n'exigeant pas de lui qu'il le partage : il est normal que l'enfant ait des réticences à partager avec d'autres un tel objet.

De 3 à 6 ans

▶ Quand l'enfant est timide, lui offrir de nombreuses occasions de jouer avec les autres ou, à tout le moins, près des autres enfants.

▶ Donner à l'enfant des exemples de phrases précises qui facilitent ses contacts avec les autres : « Est-ce que je peux jouer avec vous ? », « Est-ce que je peux emprunter ton crayon rouge ? », « Veux-tu jouer avec moi ? ».

▶ Ne pas régler les querelles à la place de l'enfant. L'aider plutôt à trouver une solution et lui apprendre à négocier.

▶ Quand il est fâché, l'aider à exprimer verbalement sa colère.

▶ Éviter les groupes d'enfants trop importants quand l'enfant est jeune : il est plus facile et agréable pour lui de partager une activité avec un enfant à la fois.

▶ Lors d'une fête d'enfants, limiter le nombre de jeunes invités. Un truc ? Inviter le nombre d'enfants correspondant à son âge : (3 ans : 3 amis, 4 ans : 4 amis).

▶ Ouvrir sa maison aux amis de son enfant et le laisser aller chez un ami, ce qui lui permet de comprendre que les règles diffèrent d'une famille à l'autre.

▶ Lui demander de montrer un jeu à son jeune frère ou à sa jeune sœur : cela renforce ses habiletés et lui offre une nouvelle expérience qui le conforte dans son statut de « grand ».

▶ Pour développer des comportements altruistes, lui demander de rendre des services : donner à manger au chat, mettre la table.

▶ Favoriser des comportements généreux et attentionnés : l'inviter à téléphoner à grand-maman pour prendre de ses nouvelles, à faire un dessin pour souligner un événement particulier pour un membre de la famille, l'inciter à choisir un ou deux de ses jouets qu'il pourrait donner à des enfants démunis.

Tableau synthèse
Le développement social[2]

De la naissance à 6 mois	› Il esquisse son premier sourire social vers 6 semaines. › Il réagit à la présence et aux déplacements des personnes autour de lui : il les suit des yeux, bouge les jambes et les bras, gazouille. › Il n'a pas d'attrait particulier pour les autres enfants.
De 6 à 12 mois	› Il tend les bras pour se faire prendre. › Il ne manifeste pas de peur devant un enfant inconnu.
De 1 à 2 ans	› Il s'intéresse aux autres enfants. › Il est sensible à la peine d'un autre enfant. › Il aime être à côté d'autres enfants (jeu parallèle). › Il apprend certains comportements sociaux : dire bonjour, saluer de la main. › Il peut manifester une préférence pour l'un des enfants qu'il côtoie.
De 2 à 3 ans	› Il découvre la notion de propriété : « C'est à moi ». › Il a tendance à être possessif. › Il a du mal à maîtriser ses émotions négatives. › Il peut être agressif envers un autre enfant, le mordre, lui tirer les cheveux. › Il préfère des partenaires de jeu de même sexe que lui. › Souvent, les garçons aiment les jeux robustes et les filles, les jeux plus calmes.
De 3 à 4 ans	› Il aime jouer avec d'autres enfants (supervision de l'adulte requise). › Il comprend les règles de conduite sociale (saluer les personnes, remercier...). › Il peut démontrer certains comportements altruistes envers un autre enfant en l'aidant, par exemple. › Il développe des amitiés, mais elles sont souvent instables. › Il exprime des émotions de convenance : il fait semblant d'apprécier un cadeau pour ne pas peiner la personne.

2. Dans ce tableau, pour chaque groupe d'âge, les habiletés sont présentées selon la séquence habituelle de développement.

De 4 à 5 ans	› Il coopère à une activité avec d'autres enfants. › Il peut faire des compromis. › Lors de conflits avec les autres, il exprime plus souvent ses émotions de façon verbale. › Il commence à se discipliner.
De 5 à 6 ans	› Les autres enfants sont très importants pour lui. › Il aime faire partie d'un groupe. › Il aime les nouvelles expériences. › Il fait davantage de concessions. › Il est plus conscient des règles de la famille et de la société.

CHAPITRE 9

L'enfant, un tout indissociable

Les grandes personnes ne comprennent jamais rien
toutes seules, et c'est fatigant pour les enfants de toujours et
toujours leur donner des explications.
Antoine de Saint-Exupéry

Rien n'est moins raisonnable que de vouloir
que les enfants le soient.
Françoise d'Aubigné, marquise de Maintenon

Pour vraiment comprendre le développement d'un enfant, il faut procéder un peu comme lorsqu'on fait un casse-tête : on doit non seulement reconnaître chaque pièce qui compose ce puzzle, mais aussi saisir les liens entre ces pièces pour en arriver à un tout. Dans les chapitres précédents, le développement de l'enfant a été présenté une sphère à la fois. Or, un enfant ne se développe pas en pièces détachées, mais dans toutes les sphères en même temps. Ainsi, quand il apprend à marcher, il commence aussi à parler, à saisir de petits objets, à imiter.

De plus, toutes les sphères s'influencent mutuellement : le fait de connaître les propriétés des objets (cognition) amène l'enfant à les utiliser adéquatement (motricité fine) ; la confiance en lui qu'il développe (affectif) l'incite à aller plus volontiers vers les autres (social) et ses habiletés linguistiques (langage) lui permettent de se faire plus aisément comprendre (social). Cette influence mutuelle explique les fréquents renvois d'un chapitre à l'autre, tout au long du présent ouvrage.

Par ailleurs, pour faire une activité donnée, l'enfant doit maîtriser plusieurs habiletés. Quand il dessine, il a besoin d'habiletés motrices pour tracer les traits, d'habiletés perceptives pour utiliser efficacement l'espace et d'habiletés cognitives pour reproduire l'objet selon l'image mentale qu'il s'en fait. De plus, il peut utiliser son dessin pour exprimer ses sentiments (sphère affective). Il aurait donc été possible d'aborder l'activité de dessin dans le chapitre relatif à la motricité fine, à la perception ou même au développement affectif plutôt que dans celui présentant le développement cognitif.

Après avoir suivi la séquence de développement des habiletés de l'enfant, il convient maintenant de démontrer que l'enfant est un tout et que l'exécution de ses activités courantes fait appel à l'ensemble de ses habiletés. Autrement dit, après avoir suivi le développement de l'enfant de façon verticale, nous l'abordons ici de façon horizontale.

En premier lieu, l'analyse d'une activité en apparence toute simple illustrera la diversité des habiletés requises à son bon déroulement, de même que la contribution essentielle de chacune d'elles. Puis, il sera question des activités quotidiennes de l'enfant (habillage, alimentation, soins personnels), qui exigent également diverses habiletés. Enfin, nous aborderons le jeu de l'enfant, qui requiert lui aussi de nombreuses compétences : ce sera l'occasion d'identifier les jeux qu'il préfère et de proposer des jouets appropriés, selon son âge.

Analyse d'une activité : cueillir des fraises dans un champ

Imaginons un enfant qui cueille des fraises dans un champ et dégageons les diverses habiletés nécessaires pour réaliser cette activité.

La motricité globale

Pour cueillir des fraises, l'enfant doit pouvoir se déplacer tout en transportant un contenant. Mais la seule capacité de se déplacer ne suffit pas : il doit coordonner et maîtriser ses déplacements dans le champ pour éviter d'écraser les plants de fraises, il doit s'accroupir pour cueillir les fruits, maintenir son équilibre quand les plus beaux plants se trouvent sur un terrain inégal ou quand il cueille les fruits dans une position instable. Cette activité requiert donc une bonne coordination de tout le corps et des réactions d'équilibre et de protection pour éviter les chutes.

La motricité fine

L'enfant doit utiliser sa motricité fine et plus particulièrement sa dextérité pour détacher délicatement les fraises sans arracher le plant ni écraser les fruits entre ses doigts. Il doit avoir une bonne coordination œil-main pour diriger efficacement sa main vers le fruit convoité. De plus, il doit maintenir d'une main son contenant pour le garder stable tandis que, de l'autre, il cueille les fruits. C'est donc une activité bilatérale, mais elle requiert des gestes différents pour chacune des mains. Plus le contenant est plein, plus l'enfant doit faire preuve de coordination pour éviter de le renverser.

La cognition

Sur le plan cognitif, l'enfant doit être attentif pour repérer les fruits à cueillir. Il doit également comprendre comment détacher les fraises des plants. Son jugement est sollicité, car il doit estimer si telle fraise est suffisamment mûre pour être cueillie (la perception des couleurs lui est alors utile) et s'il reste suffisamment de place dans le contenant pour recevoir d'autres fraises. Il doit développer ses propres stratégies d'action, par exemple pour se rendre à un plant sur un terrain en pente. Il peut être appelé à trouver une solution à certains problèmes, par exemple, que faire quand un insecte s'est glissé parmi les fraises dans le contenant?

L'aspect affectif

Pour apprécier l'activité, l'enfant doit accepter que d'autres personnes ramassent davantage de fruits que lui ou en trouvent plus facilement. Il doit alors faire face à la frustration qu'une telle situation entraîne et dominer cette émotion désagréable. Il faut du temps pour remplir un contenant de fraises; l'enfant doit accepter de faire des efforts soutenus avant d'en voir le résultat (délai de gratification). Il doit aussi savoir gérer ses émotions (quand il est fatigué, qu'il ne trouve plus de fraises) pour que l'activité se poursuive. Par contre, il voit qu'il s'agit d'une activité de «grands» puisque les adultes aussi s'y adonnent, et réussir à ramasser des fraises lui apporte un sentiment de compétence et contribue à développer une confiance en ses capacités. Le fait de décider quelle fraise cueillir et vers quel plant se diriger, de remplir son propre contenant, tout cela contribue aussi au développement de l'autonomie de l'enfant.

L'aspect social

Quand un enfant ramasse des fraises, il est en général accompagné. Il doit donc partager l'espace avec d'autres cueilleurs, et parfois aussi son contenant. Il peut se rendre compte que les autres trouvent plus de fraises que lui et qu'il n'est pas le meilleur, ce qui demande d'accepter que les autres réussissent mieux que lui. Tout au long de l'activité, les cueilleurs peuvent converser entre eux afin de guider la recherche des fraises ou émettre des commentaires:

l'enfant est invité à participer à cet échange. À la fin, peut-être lui demandera-t-on de mettre sa récolte avec celle des autres pour préparer le dessert du soir, ce qui l'amène à collaborer à une activité de groupe.

Cette brève analyse permet de voir que la cueillette de fraises ne demande pas simplement d'être capable de s'accroupir et de saisir une fraise : cette activité n'est pas seulement motrice, elle est plus complexe qu'il n'y paraît à première vue, comme toute activité d'ailleurs. La cueillette exige des habiletés motrices, cognitives, affectives et sociales. Cette analyse démontre l'effort que doit déployer l'enfant pour pratiquer cette activité.

En tant qu'adulte, nombre de nos activités sont devenues tellement automatiques qu'on ne se rend pas compte, spontanément, de ce qu'elles demandent à un enfant. Dans le quotidien, l'activité la plus simple est source d'apprentissage dans les différentes sphères de son développement. En reprenant l'exemple de la cueillette de fraises, on peut imaginer un jeune enfant qui en est à ses premiers pas et qui arrive à saisir les objets entre son pouce et son index : il peut ramasser une fraise, mais il aura du mal à la saisir sans l'écraser. De plus, mieux vaudrait tenir le récipient pour lui, car il aura de la difficulté à se concentrer à la fois sur la cueillette et sur la stabilité de son contenant. Il aura aussi du mal à s'accroupir et à se déplacer sur un terrain inégal, compte tenu de ses habiletés naissantes de marcheur. Les risques sont aussi grands que les plants de fraises soient piétinés. Son intérêt pour cette activité sera de courte durée et il y a fort à parier que cet enfant mangera sa cueillette au fur et à mesure, ne comprenant pas que l'on veuille la conserver pour faire une tarte plus tard.

Cette activité sera fort différente pour un enfant plus vieux qui, ayant maîtrisé les diverses habiletés nécessaires, la pratiquera avec plaisir et la mènera à bien.

Les activités quotidiennes

Voyons maintenant diverses activités que l'enfant doit faire quotidiennement, et même plusieurs fois par jour, et qu'il doit apprendre à faire seul : les activités d'habillage, d'alimentation et de soins d'hygiène personnelle, de même que quelques tâches domestiques. L'apprentissage de chacune de ces activités fait aussi appel à diverses habiletés et se fait par étapes.

L'habillage

Avant que l'enfant puisse s'habiller seul, il lui faut maîtriser plusieurs habiletés (voir l'encadré à la page suivante).

Séquence

Avant d'être capable de s'habiller, l'enfant réussit d'abord à se déshabiller. Il sait enlever son pyjama, son bonnet, ses bottes avant de pouvoir les enfiler. Il sait également déboutonner avant d'être capable de boutonner.

Vers 1 an, l'enfant apporte son aide quand on l'habille. Il lève le bras pour enfiler une manche et il enlève certains vêtements simples, comme la culotte de son pyjama si elle est descendue en bas des hanches. Puis, il enlève ses souliers, ses bas, son pyjama, et il apprend à déboutonner de gros boutons. Il saura se déshabiller seul vers 3 ans.

Quant à l'habillage, l'enfant met d'abord quelques vêtements simples et amples : il enfile son manteau avant d'être en mesure de mettre ses bottes, puisque le premier geste demande moins de précision et de force que le second. Ses habiletés se développant, il vient à bout de vêtements plus ajustés, comme un t-shirt. Il apprend à boutonner de gros boutons, puis il y arrive avec de petits boutons.

L'apprentissage des fermetures éclair se fait progressivement : en premier, l'enfant peut monter et descendre la fermeture éclair quand les deux parties à la base sont réunies (par exemple sur un pantalon) puis, vers 3 ans, il réussit à descendre et à détacher les fermetures éclair de son blouson ; plusieurs mois plus tard, il pourra le rattacher tout seul.

L'enfant peut attacher une boucle de ceinture ou de sandale vers 4 ans. Au même âge, il apprend à faire un nœud et il sera en mesure de faire ses premières boucles après 5 ans. Celles-ci sont plus difficiles à faire que des nœuds, car elles requièrent des gestes plus complexes.

Quelques considérations

Pour que l'enfant apprenne à faire une boucle, il doit avoir l'occasion de s'exercer, ce que ne permettent pas des souliers attachés avec velcro. Savoir faire une boucle lui sera utile pour attacher ses souliers et le capuchon de son anorak ou de son bonnet de laine, ou pour nouer le ruban du cadeau qu'il veut offrir.

Les petites attaches, à pression ou avec boutons de fantaisie, sont difficiles à manipuler, particulièrement quand elles se situent à l'arrière du vêtement, aux poignets ou au cou. L'enfant ne réussira à les attacher qu'après 5 ou 6 ans.

Habiletés requises pour s'habiller de façon indépendante

Sur le plan perceptif, l'enfant doit :
› connaître les différentes parties de son corps ;
› savoir où mettre chaque vêtement ;
› distinguer sa gauche de sa droite pour mettre ses souliers dans le bon pied, de même que l'envers et l'endroit pour enfiler correctement ses vêtements ;
› apprécier l'agencement des couleurs pour choisir les vêtements qui vont ensemble.

Sur le plan moteur, l'enfant doit :
› coordonner ses mouvements pour passer les bras dans la chemise ou dans la blouse, ou le pied dans les jambes du pantalon ;
› tenir son équilibre quand il enfile son pantalon ou ses bottes ;
› avoir la dextérité nécessaire pour attacher des boutons, faire un nœud et une boucle ou monter une fermeture éclair.

Sur le plan cognitif, l'enfant doit :

› comprendre la séquence de cette activité ; il doit mettre la culotte avant le pantalon ou la jupe ;
› choisir les vêtements en fonction des saisons et du temps qu'il fait ;
› comprendre la stratégie pour attacher un bouton, faire un nœud et une boucle.

Sur le plan affectif, l'enfant doit :

› avoir suffisamment confiance en lui pour désirer s'habiller seul ;
› être suffisamment autonome pour choisir le t-shirt qu'il veut mettre ;
› être suffisamment indépendant de l'adulte pour s'habiller seul.

L'alimentation

Tout autant que pour l'habillage, l'alimentation requiert diverses habiletés (voir l'encadré à la page suivante).

Séquence

Jusque vers la fin de sa première année, l'enfant mange avec ses doigts. Puis, il manifeste un intérêt pour la cuillère, avec laquelle il essaie de se nourrir. L'entreprise n'est pas simple : il doit remplir la cuillère, la diriger vers sa bouche en tentant d'y conserver le maximum de nourriture et déposer le tout dans sa bouche. Ses premiers essais sont parfois infructueux ; arrivée à sa bouche, la cuillère est presque vide et les dégâts sont nombreux. Pas étonnant qu'il faille attendre jusque vers 2 ans avant qu'il y parvienne sans trop de dommage !

Après l'apprentissage de l'utilisation de la cuillère vient celui de la fourchette. Il la préférera d'ailleurs à la cuillère vers 3 ans. L'enfant apprend à piquer les aliments et même à écraser de la nourriture molle. Vers 4 ans, il coupe des aliments peu résistants avec sa fourchette.

L'enfant commencera à utiliser le couteau vers 5 ans pour tartiner son pain, couper des légumes cuits et, éventuellement, sa viande.

Habiletés requises pour s'alimenter de façon indépendante

Sur le plan perceptif, l'enfant doit:

› reconnaître les différentes textures des aliments et leur goût pour en apprécier les différences;

› bien sentir un morceau de fruit dans sa main quand il mange avec les doigts, pour éviter de l'écraser par une trop forte pression.

Sur le plan moteur, l'enfant doit:

› démontrer suffisamment de coordination œil-main pour utiliser d'abord une cuillère, puis une fourchette et enfin un couteau;

› démontrer un contrôle moteur suffisant pour éviter les dégâts quand il boit au verre ou qu'il verse du liquide d'un pichet.

Sur le plan cognitif, l'enfant doit:

› estimer la quantité de nourriture adéquate à porter à sa bouche;

› estimer la quantité de liquide qui peut entrer dans son verre;

› comprendre qu'il doit mastiquer et avaler avant de prendre une nouvelle bouchée.

Sur le plan social, l'enfant doit:

› manger assez proprement pour partager son repas avec d'autres personnes;

› manger à un rythme qui permet la communication avec les autres.

En ce qui concerne les liquides, le bébé tient son biberon vers 6 mois, mais il a besoin d'aide pour le placer dans le bon angle. Vers 9 mois, il sait boire seul au biberon. Par la suite, il apprend à boire au verre ou à la tasse. Lors de ses premiers essais, il ne contrôle pas le débit du liquide et il a besoin de l'aide de l'adulte. En général, vers 12 mois, il peut boire sans problème avec une tasse munie d'un couvercle, d'un bec verseur et de deux poignées.

Entre 1 et 2 ans, l'enfant peut boire dans un verre et avec d'autant plus d'adresse que la quantité de liquide est minime. Durant cette même période, il peut aussi boire à l'aide d'une paille. Ainsi, on peut lui proposer des jus de fruits dans de petites boîtes en carton munies d'une paille. Toutefois, pour éviter les dégâts, l'enfant doit apprendre à ne pas presser trop fortement la boîte.

Quelques considérations

La technologie moderne offre aux enfants des ustensiles perfectionnés, comme une cuillère avec courbe adaptée à la préhension de l'enfant ou un verre anti-goutte avec un couvercle et deux anses. Cette cuillère spéciale évite à l'enfant de devoir tourner son poignet pour amener la nourriture à sa bouche. Quant au verre anti-goutte, l'enfant n'a pas à porter attention à le tenir droit pour éviter les dégâts. Ces avancées technologiques facilitent le quotidien des parents, mais font en sorte que l'enfant prend plus de temps à développer les habiletés nécessaires pour tourner le poignet afin de se nourrir ou pour stabiliser le verre afin d'éviter de le renverser.

Si l'enfant persiste à manger avec ses doigts et refuse d'utiliser une cuillère, on peut lui présenter un plat dont la substance ne peut être aisément saisie avec les doigts, comme du macaroni à la sauce tomate. On peut aussi utiliser son imagination et l'intérêt insatiable de l'enfant pour le jeu en lui présentant la cuillère comme un outil magique. « Tu vois cette cuillère ? Elle est magique ; avec elle, tout est meilleur. Tu veux l'essayer ? ». À l'inverse, l'enfant peut vouloir absolument manger avec une cuillère alors qu'il n'en est pas encore capable. Plutôt que de brimer ses initiatives, on peut l'aider à manger en utilisant une deuxième cuillère pour lui donner quelques bouchées entre ses tentatives.

L'alimentation est un domaine que l'enfant peut utiliser pour s'affirmer, particulièrement vers 2 ans ou 2 ans et demi. Comme pour toutes ses tentatives d'affirmation, il faut éviter de le prendre de front et de réagir avec éclat. Forcer l'enfant à terminer son assiette n'est pas conseillé, car on le prive alors de sa capacité à capter ses signaux internes lui indiquant qu'il a faim ou non (satiété). Ce sentiment de satiété est important pour éviter l'obésité infantile. Si l'enfant prend du poids régulièrement et a de l'énergie, même s'il mange peu à un repas, il n'y a pas d'inquiétude à avoir. S'il est fréquent que l'enfant ne termine pas son assiette, réduisez les quantités de nourriture que vous lui offrez.

Les soins d'hygiène personnelle

Chez l'enfant d'âge préscolaire, les soins d'hygiène concernent surtout le lavage des mains, le bain et le brossage de dents, ainsi que les gestes de se moucher, de se coiffer et d'aller aux toilettes.

Séquence

L'entraînement à la propreté

Vers 2 ans, l'enfant fait souvent des selles aux mêmes heures le jour et très peu souvent la nuit. De même, il reste sec pendant de longues périodes durant la journée et il peut avertir quand sa couche est mouillée. C'est un bon moment pour commencer l'apprentissage à la propreté. On l'aidera à contrôler ses selles en surveillant les signes d'un besoin de déféquer et en l'amenant sur le pot aux heures habituelles de sa routine. Quand il a besoin d'uriner, il faut cependant faire vite : il ne peut pas se retenir longtemps.

Pour faciliter l'entraînement à la propreté, il faut le rendre agréable. Plusieurs enfants sont plus attirés par un petit pot qui ressemble à une toilette miniature que par cette toilette d'adulte dans laquelle ils craignent souvent de tomber. Ce moment devient aussi plus agréable si maman fredonne une chanson en attendant le résultat. L'apprentissage sera également facilité s'il est associé à des activités qui suivent un rythme régulier : avant le dodo, au réveil, avant et après les repas. Cela aide l'enfant à établir une routine.

Si l'essai est infructueux, il ne faut pas le considérer comme un échec : ce sera pour la prochaine fois. Par contre, si l'enfant fait quelques gouttes dans le pot, il faut manifester votre fierté pour son exploit et le féliciter chaleureusement. Vous pouvez alors l'inviter à verser le tout dans les toilettes et à actionner lui-même la chasse d'eau. Il est préférable d'éviter les longues séances sur le petit pot ou sur la toilette : après 5 ou 10 minutes sans résultat, il vaut mieux arrêter et refaire une tentative plus tard.

Après quelques jours, voire une semaine, si l'enfant ne semble pas prêt ou réagit négativement, il est préférable de cesser l'entraînement pour un temps et de le reprendre quelques semaines (ou mois) plus tard. Il ne sert à rien de s'entêter, car l'enfant pourrait réagir à un entraînement forcé en se retenant et, s'il est constipé, cela entraînera des douleurs à la défécation qui pourraient l'inciter à se retenir davantage.

Quand l'enfant utilise régulièrement son pot depuis plusieurs jours, on peut cesser de lui mettre une couche et passer aux culottes d'entraînement. Il sera plus facilement autonome s'il porte des vêtements faciles à enlever. Quand votre enfant ne porte plus de couche durant la journée, il faut encore quelques mois avant qu'il soit propre la nuit.

Même après quelques semaines de propreté, il arrive à l'enfant de s'échapper et de mouiller sa culotte, surtout quand il est concentré sur autre chose. À 3 ans, l'enfant peut aller seul aux toilettes et, à 4 ans, il peut s'essuyer seul après un pipi. Toutefois, ce ne sera que vers 5 ans qu'il saura le faire après une selle.

Les autres soins d'hygiène

Vers l'âge de 2 ans, l'enfant apprend à se laver les mains, mais il faut encore quelques mois avant qu'il puisse ouvrir et fermer le robinet. Vers 3 ans, il commence à se brosser les dents, mais l'aide de l'adulte est requise. Lors de cette dernière activité, il saura ouvrir et fermer le robinet avant de pouvoir dévisser et visser le tube de dentifrice : bien que le même mouvement soit requis pour ces deux gestes, le dernier demande davantage de dextérité.

Vers 3 ans, l'enfant peut également essuyer ses mains après les avoir lavées. À 4 ans, il se lave seul dans la baignoire, avec supervision de l'adulte qui doit s'assurer que le nettoyage a été bien fait. À 5 ans, il peut prendre son bain et se laver seul, s'assécher en partie après le bain et se brosser les cheveux.

Se moucher est une activité que l'enfant ne réussit efficacement que vers 5 ans : alors, il tient seul son mouchoir, souffle et essuie son nez. Dès l'âge de 2 ans, il essaie de se moucher, mais il ne comprend pas qu'il doit souffler dans le mouchoir. Vers 3 ans, il a du mal à souffler avec le nez et s'essuie plus qu'il ne se mouche véritablement.

Quelques considérations

Pour lui donner plus facilement accès à l'évier, on peut fournir à l'enfant un petit banc. Cela lui permet de se laver les mains et les dents tout seul, malgré sa petite taille. Ce banc doit toutefois être très stable et, de préférence, recouvert d'un tapis antidérapant.

Certains enfants adorent prendre une douche, même quand ils sont jeunes. Cette activité doit être supervisée de très près par l'adulte jusqu'à ce que l'enfant puisse le faire sans risque de chute. Il est bon de proposer occasionnellement à l'enfant de prendre une douche, même s'il a l'habitude de prendre un bain. C'est une nouvelle expérience qui le familiarise avec une autre façon de se laver. Et s'il se retrouve dans un lieu où il n'y a qu'une douche, il ne sera pas dépourvu ou craintif.

Quand passer du lit de bébé au lit d'enfant ?

Santé Canada recommande le passage du lit de bébé au lit de « grand » lorsque l'enfant mesure 90 cm (36 po). Au-delà de cette taille, les enfants sont souvent en mesure d'enjamber les barreaux. Habituellement, le changement de lit survient vers l'âge de 2 ans[1].

---

1. Voir http://naitreetgrandir.com/fr/mauxenfants/securite/fiche.aspx?doc=bassinette-lit [Consulté le 13 décembre 2013].

Les tâches domestiques

Compte tenu de ses diverses habiletés, progressivement, l'enfant peut non seulement s'habiller, se nourrir et s'occuper seul de ses soins d'hygiène, mais également avoir du plaisir à participer à quelques tâches domestiques.

Ainsi, dès l'âge de 2 ans, il peut commencer à ranger ses jouets quand ses parents le lui demandent. Même s'il sait ranger, cela ne veut pas dire qu'il est toujours d'accord pour le faire ou qu'il le fait spontanément. À 3 ans, il trouvera amusant d'épousseter (sous supervision); il vaut mieux toutefois lui confier l'époussetage des meubles plutôt que des bibelots. Il peut aussi ramasser ce qu'il renverse, peut-être avec un peu moins de plaisir. Il est fier d'être invité à mettre le couvert, à aider maman ou papa à préparer le dîner ou à ramasser les feuilles. Vers 4 ans, il trouve amusant de trier le linge qui sort du sèche-linge. Avant le lavage, il peut également séparer les vêtements de couleur des vêtements blancs. S'il se lève plus tôt que ses parents, il peut se servir des céréales froides et se verser du lait d'un pichet qui n'est pas trop lourd. Ces diverses activités apportent à l'enfant le sentiment de faire des tâches utiles, des tâches de « grand ».

À 5 ans, l'enfant est apte à prendre le courrier dans la boîte aux lettres et à se préparer une tartine. Il répond bien au téléphone, à la condition qu'il ait eu au préalable l'occasion d'apprendre à le faire. Il peut faire son lit, mais peut-être pas toujours selon les attentes de maman.

Et le jeu?

Le jeu[2] est l'activité la plus importante de l'enfance. C'est en quelque sorte un baromètre de santé: si l'enfant est souffrant, anxieux, inquiet ou malade, il ne sera pas porté à jouer. À

2. Pour plus de détails, consulter Francine FERLAND. *Et si on jouait? Le jeu durant l'enfance et pour toute la vie.* 2ᵉ édition. Montréal: Éditions du CHU Sainte-Justine, 2005.

l'inverse, s'il met de l'énergie à jouer et en retire du plaisir, c'est un bon indice de sa santé physique et mentale.

Observer l'enfant qui joue

Le jeu est l'activité par excellence pour rendre compte des diverses capacités de l'enfant, car lorsqu'il joue, il utilise simultanément diverses habiletés. Si on prend le temps d'observer l'enfant qui joue, on découvre ses habiletés dans les différentes sphères de son développement : sa façon de saisir les objets (motricité fine), de changer de position sans perdre l'équilibre (motricité globale), d'associer les formes des objets aux espaces correspondants (perception), sa découverte de l'utilisation des objets, son originalité pour trouver des solutions à certains imprévus, son imagination (cognition), ses réactions à la frustration, le degré de confiance qu'il a en ses habiletés, sa capacité de choisir et de décider (développement affectif), sa façon de se lier aux autres et de partager les jeux tout en prenant sa place (développement social).

L'observation du jeu permet donc à l'adulte de voir où l'enfant en est rendu dans son développement. Regardez-le jouer et vous reconnaîtrez les différentes habiletés dont il a été question dans les chapitres précédents.

Super vitamine pour le développement

Le jeu agit aussi comme une super vitamine sur le développement de l'enfant. En effet, plus celui-ci joue, plus il devient habile, et plus il devient habile, plus il a de plaisir à jouer. Durant l'enfance, le jeu est une grande école de vie et ce qu'il y a de plus merveilleux, c'est que l'enfant apprend, découvre et expérimente spontanément et dans le plaisir. Quelle belle façon de prendre contact avec la vie !

En donnant à l'enfant du temps, un espace et du matériel pour jouer, en lui offrant l'occasion de partager son jeu avec des partenaires, l'adulte met en place de bonnes conditions pour stimuler les différentes facettes de son développement. Jouer est donc une activité importante dans le quotidien de l'enfant et il faut la valoriser. Évitons de laisser entendre à l'enfant qu'il s'agit d'une activité sans valeur ou à laquelle il doit s'adonner pour permettre à ses parents de faire leurs tâches sans être dérangés. C'est pourtant ce qu'on lui fait sentir quand on lui dit : « Va jouer dans ta chambre, je suis occupé ». Cela s'apparente presque à une punition. Le message est très différent si on lui dit : « Et si tu trouvais quelque chose d'amusant à faire pendant que je termine ceci ? ».

En ce qui concerne les jouets mis à la disposition de l'enfant, précisons qu'ils n'ont pas à être nombreux ni coûteux[3]. Ils doivent cependant être variés pour agir comme des vitamines sur son développement. Ces outils de jeu doivent permettre à l'enfant de bouger, de manipuler, d'imaginer, de socialiser, de s'exprimer et de trouver des solutions. Précisons qu'un jouet n'est pas seulement un objet manufacturé : des objets maison peuvent tout autant stimuler l'enfant et devenir des jouets inusités et intéressants. Les différentes suggestions proposées à la fin des chapitres précédents, qui sont d'ailleurs des suggestions de jeu, démontrent bien qu'il n'est pas nécessaire d'avoir du matériel sophistiqué pour que l'enfant s'amuse.

Avez-vous déjà remarqué que ...

La grosseur des jouets diminue avec l'âge de l'enfant. Au gros camion de l'enfant de 1 an ou 2, celui de 4 ou 5 ans préférera les petites autos. Aux gros blocs de ses premières années, l'enfant préférera les petits blocs à mesure qu'il vieillit. Cela s'explique, entre autres, par le raffinement de ses habiletés de manipulation.

---

3. Francine FERLAND. *Le monde des jouets et des jeux de 0 à 12 ans*. Montréal : Éditions du CHU Sainte-Justine, 2013.

Pour une riche interaction parents-enfant

En plus de stimuler l'enfant dans toutes les sphères de son développement, le jeu présente un autre grand avantage. Il peut devenir une voie privilégiée pour établir avec votre enfant une interaction riche et satisfaisante, pour favoriser un attachement mutuel et pour contribuer à son développement affectif. Partager le jeu d'un enfant, c'est établir une complicité avec lui, c'est se permettre de rire des mêmes choses, c'est laisser temporairement de côté le rôle éducatif pour simplement être bien avec lui. Quand un adulte joue avec un enfant, il peut sans problème lui laisser une marge de manœuvre et le laisser choisir, décider, prendre des initiatives, ce qui favorise le développement de son autonomie. Si l'adulte partage avec l'enfant un jeu qui lui plaît à lui aussi, l'enfant sent le plaisir de l'adulte, ce qui augmente l'intérêt de chacun pour l'activité en question.

De plus, le fait de jouer avec un enfant est sans doute la meilleure thérapie antistress qui existe : vous pouvez y réapprendre à vivre pleinement le moment présent, oubliant momentanément vos préoccupations et vos soucis.

Le jeu, méthode d'enseignement au quotidien

Quand vous voulez montrer des choses précises à votre enfant, le jeu est tout désigné pour rendre cet apprentissage motivant et agréable. Ainsi, pour amener l'enfant à associer des objets de même couleur, vous pouvez l'inviter à regrouper des bâtonnets en lui disant : « Il y a ici des amis de différentes couleurs qui ne se sont pas vus depuis longtemps, mais ils ont besoin de toi pour retrouver ceux qui sont de la même couleur qu'eux. Peux-tu les aider ? ».

Pour lui apprendre les chiffres, demandez à votre enfant d'être votre assistant pour faire la cuisine : « J'ai besoin de deux carottes, d'un oignon et de trois pommes de terre : peux-tu me les donner ? ». Il apprendra les chiffres avec plaisir, sans même s'en rendre compte.

Il devient amusant de copier des formes si on donne vie à ces dernières : « Est-ce que ça te dit de dessiner un gros soleil (cercle), un chemin qui monte, qui descend (verticale), une boîte aux trésors (carré) ? ». Et n'ayez crainte : le jeu n'est pas synonyme de facilité. Si l'enfant prend plaisir à l'activité, il y mettra encore plus d'efforts parce que c'est agréable.

Que ce soit pour mieux connaître votre enfant ou pour établir avec lui un lien agréable, toutes les raisons sont bonnes pour lui donner du temps pour jouer et prendre le temps de jouer avec lui.

Séquence des intérêts de jeu de l'enfant

Les habiletés de l'enfant se manifestent dans ses intérêts de jeu, lesquels évoluent selon son âge. De la naissance à 1 an, le bébé aime regarder ce qui l'entoure. Il s'intéresse aux objets. Quand il commence à les prendre en main, il apprécie ceux qu'il peut saisir aisément. Il les porte à sa bouche. Il est attiré par les jouets qui bougent, qui font des sons tout autant que... par les lunettes d'un visiteur ou les boucles d'oreille que porte maman.

À 1 an, il explore les objets avec ses mains. Il presse un bouton, fait balancer un jouet lesté à sa base, fait bouger un ballon sur le sol, tente de mettre un bloc sur un autre. Il aime aussi remplir ou vider une boîte ou un coffre qui contient divers objets. Il apprécie les jeux de « coucou ». Il aime aussi qu'on lui parle, qu'on lui chante des chansons ou des comptines. Il prend plaisir à faire bravo et au revoir de la main.

Il adore aussi bouger : se déplacer à quatre pattes ou en marchant, changer de position, passer de la station assise à la station debout. Il aime également que papa le balance doucement dans les airs, que maman lui fasse découvrir sur ses genoux les plaisirs de la balançoire ou qu'on lui fasse faire des balades en le tirant quand il est assis dans le panier à linge. Quand il sait marcher, il prend plaisir à tirer ou à pousser des jouets.

À 2 ans, il apprécie les jeux salissants : peinture, sable, pâte à modeler. Depuis quelques mois déjà, il aime les jeux d'imitation : avec son téléphone jouet, il imite papa ou maman qui téléphone ; avec un bol et une cuillère de bois, il fait comme ses parents qui préparent à manger. Puis il commence à jouer à « faire semblant » en prétendant laver son bébé ou conduire son camion. Il aime les livres d'images et s'intéresse aux mots. Il commence à gribouiller et à faire ses premières constructions, ses premiers encastrements. Les jeux extérieurs lui plaisent : il aime glisser, se balancer, jouer dans le sable ou dans la neige.

À 3 ans, il fait des constructions, dessine, joue au ballon et aime s'amuser à l'extérieur. Son imagination débordante est bien servie quand il s'agit de « faire semblant » : il prépare des biscuits avec de la pâte à modeler, il prête vie à ses petits personnages. Curieux, lors d'une promenade, il s'intéresse aux insectes, il ramasse des pierres, des coquillages, des feuilles qu'il met dans sa brouette. Il a parfois un ami imaginaire. Il se promène avec plaisir sur son tricycle. Il aime écouter des histoires.

À 4 ans, il est davantage capable d'attendre son tour, de prêter ses jouets, de tenir compte de l'autre. Il commence à créer de véritables scénarios de jeu. On se rend souvent compte que les intérêts de jeu des enfants de cet âge sont différents selon le sexe : les garçons prennent plaisir à jouer avec des autos et des camions alors que les filles préfèrent jouer à la poupée ou à la dînette (service de vaisselle en miniature). Cependant, quel que soit leur sexe, les enfants de cet âge aiment faire du découpage et ils s'intéressent à des jeux de société simples.

À 5 ans, l'enfant invente des histoires avec ses amis, bâtit des châteaux de sable, fait des constructions, s'amuse à des jeux de société. Il aime aussi faire des bricolages de toutes sortes et fabriquer des objets utiles : bracelet pour maman, cartes de vœux dessinées, cabane à oiseaux. Les jeux moteurs l'intéressent aussi (ballon, course, glissades).

L'enfant aime participer à des activités avec les adultes : faire la cuisine, travailler dans le potager, pelleter la neige.

Le coffre à jouets de l'enfant varie donc d'un âge à l'autre. Certains jouets sont toujours appréciés, par exemple les ballons, les livres d'histoires, les boîtes de carton. Leur usage est toutefois différent selon son âge. Ainsi, l'enfant de 1 an roule le ballon par terre tandis que celui de 5 ans le lance, l'attrape et tente aussi de le faire rebondir.

D'autres jouets appropriés à un âge donné continuent à l'être dans les années qui suivent. Dans l'encadré qui suit, les jeux extérieurs mentionnés pour les enfants de 2 ans attirent encore l'enfant quand il a 3, 4 ou 5 ans. De même, la pâte à modeler conseillée pour l'enfant de 3 ans intéresse aussi l'enfant de 5 ans.

Coffre à jouets selon les âges

De la naissance à 1 an

Objets de différentes textures et faciles à saisir : hochet, bloc de bois, animal en peluche, anneau de dentition, ballon, livre en plastique ; mobile, jouet qui flotte dans le bain, boîte à musique qu'il prend plaisir à écouter et qui l'aide à s'endormir ; portique d'activités sous lequel il est couché et qui l'incite à bouger les mains et les pieds.

À 1 an

Jouets à tirer, à pousser ; tableau d'activités sur lequel l'enfant pratique divers gestes comme rouler le cadran, faire sonner la cloche, pousser un personnage sur un rail, faire tourner un bouton ; gobelets et bouteilles de plastique pour jouer dans le bain ; boîte de carton à pousser lors des premiers pas, ou qui sert à cacher des trésors ; contenant et blocs pour s'amuser à remplir et à vider ; téléphone jouet, ballon, bol en plastique et cuillère en bois pour imiter maman qui cuisine ou pour faire un tambour quand on tourne le bol à l'envers ; jouet à chevaucher et à avancer en poussant avec les pieds ; livre d'images.

À 2 ans

Cubes à empiler, contenants à emboîter, encastrement simple ; jeux extérieurs : carré de sable, glissoire, balançoire ; autobus, ferme ou maison avec personnages ; jouet à bascule ; blocs de bois ; craies et papier pour gribouiller; livre d'images; marteau, pelle, seau; poupée, camion, poussette.

À 3 ans

Craies, crayons de bois, feutres lavables, ciseaux à bouts ronds, billes de bois à enfiler sur une corde; pâte à modeler, tableau pour dessiner, peinture, cahier à colorier, bulles de savon; encastrement de quelques morceaux; instruments de musique: xylophone, tambour; CD (musique, comptines, histoires); jeux de «faire-semblant»: établi de menuiserie, service de vaisselle; tricycle, glissoire, balançoire, brouette; ballon, balle; jeux d'association (jeu de loto); livre d'histoires; maison de poupée; valise de déguisements.

À 4 ans

Jeu de loto; gros dominos; trousse médicale; auto; jeu de construction; marionnette; cartes à jouer; figurines; chevalet et peinture; jeux d'adresse: quilles, anneaux, jeu de poches.

À 5 ans

Jeux de société (Serpents et échelles®, jeu de dames); jeu de construction; jouets miniatures (autos, services de vaisselle); matériel de bricolage: carton, colle, ciseaux, paille, ouate; bicyclette avec roues stabilisatrices.

Tableau synthèse
Le développement des habiletés d'habillage, d'alimentation et d'hygiène[4]

De la naissance à 6 mois	**Hygiène** › Il fait des éclaboussures et donne des coups de pied dans l'eau.
De 6 à 12 mois	**Alimentation** › Il tient son biberon à deux mains: il a besoin d'aide pour le placer dans le bon angle. › Il boit seul au biberon. › Il mange de petits morceaux de nourriture avec ses doigts.

4. Dans ce tableau, pour chaque groupe d'âge, les habiletés sont présentées selon la séquence habituelle de développement.

De 1 à 2 ans	**Habillage** › Il aide à l'habillage en tendant bras et jambes. › Il enlève quelques vêtements (chapeau). › Il enlève son pantalon s'il est descendu en bas des hanches. › Il monte et descend une fermeture éclair si les deux parties sont réunies à la base. **Alimentation** › Il boit à la tasse, avec couvercle, bec verseur et deux anses. › Il mange avec une cuillère, mais dirige difficilement la nourriture vers sa bouche sans renverser la cuillère et sans faire de dégâts. › Il boit au verre en le tenant à deux mains, mais il a besoin de supervision.
De 2 à 3 ans	**Habillage** › Il enlève ses souliers, ses bas, son pyjama. › Il déboutonne de gros boutons. › Il commence à s'habiller seul quand les vêtements sont amples. **Alimentation** › Il boit proprement au verre. › Il boit à la paille. › Il se nourrit à la cuillère sans faire de dégâts. › Il commence à manger avec une fourchette. **Hygiène** › Il peut avertir quand il est mouillé. › Il demeure sec pendant presque toute la journée. › Il aide à laver certaines parties de son corps sur demande. › Il apprend à se laver les mains. › Il ouvre et ferme le robinet. › Il actionne la chasse d'eau. › Il demande à être mouché, mais il ne comprend pas qu'il doit souffler.
De 3 à 4 ans	**Habillage** › Il se déshabille seul, sauf pour les attaches, les vêtements serrés à passer par-dessus la tête ou avec fermeture au dos. › Il détache complètement la fermeture éclair de son blouson. **Alimentation** › Il préfère utiliser une fourchette à une cuillère. › Il pique les aliments avec sa fourchette. › Il peut écraser de la nourriture molle avec sa fourchette.

De 3 à 4 ans (suite)	**Hygiène** › Il se brosse les dents (sous supervision). › Il se lave les mains et les essuie. › Il peut aller seul aux toilettes, mais a besoin qu'on l'essuie. › Il a du mal à souffler avec le nez dans le mouchoir et s'essuie plus qu'il ne se mouche.
De 4 à 5 ans	**Habillage** › Il s'habille seul, sauf pour certaines attaches ou pour des vêtements serrés. › Il attache la fermeture éclair de son blouson. › Il peut détacher et attacher un bouton de grosseur moyenne. › Il commence à faire des nœuds. › Il distingue l'arrière et l'avant de ses vêtements. › Il attache la boucle d'une ceinture ou d'une sandale. **Alimentation** › Il mange tout son repas seul et proprement. › Il peut se servir du lait d'un pichet qui n'est ni trop lourd ni trop rempli. › Il coupe certains aliments peu résistants avec sa fourchette. **Hygiène** › Il s'essuie seul après avoir uriné. › Il lave différentes parties de son corps (sous supervision).
De 5 à 6 ans	**Habillage** › Il s'habille seul, mais il a encore besoin d'aide pour des attaches au dos, près du cou ou aux poignets. › Il met ses souliers dans les bons pieds. › Il réussit à faire des nœuds. › Il commence à faire des boucles lâches avec des lacets. › Il réussit à attacher les boutons pression et les boutons de fantaisie. **Alimentation** › Il tartine son pain avec un couteau. › Il coupe des légumes cuits avec son couteau. › Il coupe sa viande avec son couteau. **Hygiène** › Il s'essuie seul après être allé à la selle. › Il se mouche efficacement. › Il peut prendre son bain seul et s'assécher. › Il se brosse les cheveux.

CHAPITRE 10

Vous vous posez des questions ?

*L'éducation consiste à comprendre l'enfant
tel qu'il est, sans lui imposer l'image de ce que
nous pensons qu'il devrait être.*

Krishnamurti

*Il faut vivre chaque journée comme elle vient, et refuser
tant les regrets que les inquiétudes pour l'avenir.*

Jim Fegus

Un jour ou l'autre, tous les parents se posent des questions
sur le développement de leur enfant. « Est-ce normal qu'à
son âge, il fasse ou ne fasse pas telle ou telle chose ? Devrions-
nous consulter[1] ? ».

À partir d'exemples, les pages qui suivent apportent des
éléments de réponse à ces questions.

Auparavant, rappelons qu'en général, tant et aussi longtemps que l'enfant évolue et suit la séquence attendue, il n'y
a pas de raison de s'inquiéter, même s'il dépasse l'âge moyen
pour une habileté donnée. Par ailleurs, il est tout aussi

---

1. Dans ce chapitre, nous n'aborderons que les difficultés en lien avec le développement. Pour les autres problèmes potentiels, il existe plusieurs livres aux
Éditions du CHU Sainte-Justine qui peuvent vous renseigner, que ce soit sur
les comportements agressifs de l'enfant, la dyspraxie, l'autisme, la déficience
intellectuelle, la déficience physique, le déficit de l'attention ou la dyslexie.
Voir le catalogue sur le site suivant : www.editions-chu-sainte-justine.org/

normal que l'enfant ne semble pas évoluer dans une sphère du développement alors que son énergie est monopolisée par une autre sphère. Nous l'avons vu, le développement de l'enfant ne se fait pas de façon linéaire, mais plutôt en dents de scie.

Doit-on s'inquiéter si...

« *À 12 mois, mon enfant ne se met pas debout seul.* »

Il est bon de considérer d'abord si les préalables de cette habileté sont présents. Votre enfant tient-il la position assise? Si oui, c'est qu'il contrôle bien son tronc. Sinon, stimulez cette position en faisant jouer votre enfant en étant assis sur un tapis. En position assise, sait-il éviter les chutes vers l'avant, vers les côtés ou vers l'arrière quand il lève la tête vers le plafond? Si oui, il a développé ses réactions de protection. Sinon, placez les jouets d'abord devant lui pour stimuler les réactions de protection vers l'avant, puis de côté. Se déplace-t-il à quatre pattes ou même sur les fesses? Si oui, peut-être ne voit-il pas l'avantage de marcher puisqu'il réussit à aller où il veut par d'autres moyens. Pour l'inciter à se mettre debout, vous pouvez déposer quelques jouets sur le canapé, de telle sorte que votre enfant les voit et veuille s'en saisir ou alors offrez-lui une boîte de carton à laquelle il peut se tenir. Peut-être s'amusera-t-il bientôt à la pousser. Certains enfants se mettent debout pour la première fois quand on les dépose dans l'herbe : en effet, comme ils n'apprécient pas la sensation du gazon quand ils se déplacent à quatre pattes, ils n'ont pas d'autre choix que de se mettre debout.

En résumé, quand vous craignez que votre enfant présente un retard dans le développement d'une habileté, revoyez les étapes antérieures. Si ces étapes n'ont pas toutes été franchies, stimulez ces habiletés préalables qui, dans l'exemple décrit plus haut, seraient la position assise et les réactions de protection. Pour ce faire, vous pouvez puiser dans les suggestions d'activités qui se trouvent à la fin des chapitres précédents.

« À 2 ans, mon enfant ne dit que quelques mots. »

Si l'enfant semble intéressé à la communication, s'il est capable d'exprimer ses besoins, même sans mot, en pointant par exemple, s'il comprend les propos des autres et peut suivre des consignes, il n'y a pas de raison de s'inquiéter puisque tous les préalables sont présents. Votre enfant parlera davantage dans quelques semaines ou quelques mois. Son intérêt pour les interactions sociales et son habileté à faire connaître ses besoins et ses préférences sont plus importants à considérer que le nombre de mots qu'il dit. Rappelons que d'un enfant à l'autre, il y a une grande variation dans l'acquisition du langage et que, souvent, on assiste à une explosion de vocabulaire après 2 ans.

« Mon enfant de 2 ans tombe souvent, se frappe aux meubles. »

Les habiletés motrices sont en pleine évolution à cet âge : l'enfant commence à grimper, à sauter, à courir, comme il a été précisé au chapitre 3. Il est normal que ces nouvelles expériences entraînent des chutes et quelques bosses. C'est donc un comportement fréquent à cet âge et tout à fait dans la norme. L'expérience aidant, il deviendra plus habile dans les mois à venir. Attention de ne pas réagir trop vivement à ses chutes.

« Je dois souvent répéter les consignes à mon enfant. »

Avec un enfant d'âge préscolaire, « répéter » devient presque une deuxième nature pour les parents. L'enfant sait qu'il doit se laver les mains avant de manger, mais il ne le fera pas spontanément. Plutôt que de répéter à chaque repas : « Va te laver les mains », on peut lui demander : « Qu'est-ce que tu dois faire avant de t'asseoir à table ? ». Puis, ce peut être : « Hé, tu oublies quelque chose ». De la sorte, on aide l'enfant à identifier lui-même l'action à poser afin qu'il arrive graduellement à y penser tout seul. Mais ne vous faites pas trop d'illusions ; vous devrez continuer à répéter les mêmes choses. Tout parent envisage un jour ou l'autre d'enregistrer les consignes d'usage quotidien pour les passer en boucle à l'enfant au moment opportun !

Par ailleurs, il importe de lui donner des consignes qui tiennent compte de son âge : à 1 an, une consigne simple (« Regarde-moi ») ; à 2 ans, une consigne à 2 éléments (« Prends ton verre sur la table et apporte-le-moi ») ; à 3 ans, une consigne sans indices visuels (« Va chercher ton manteau ») ; à 4 ans, une consigne à 3 éléments (« Va dans ta chambre, prends ton pyjama et rapporte-le ici »).

« Mon enfant de 3 ans semble régresser depuis que nous avons déménagé ; il ne me quitte plus d'une semelle. »

Quand l'enfant fait face à beaucoup de nouveauté en même temps (nouvelle maison, nouvelle chambre, nouvelle garderie, nouveaux amis), il peut se sentir un peu perdu et il a besoin d'être rassuré. Il a été dit que l'enfant avait besoin de constance dans son quotidien ; ici, cette constance est pour un moment chamboulée. Rien ne sert de le gronder pour qu'il se comporte comme un « grand ». Même si on lui fait prendre conscience, par exemple, que sa nouvelle chambre est plus grande et plus belle que la précédente, ce n'est plus celle à laquelle il était habitué, celle qui lui apportait sécurité et confort. L'enfant a besoin de temps pour s'adapter.

D'autres changements dans sa vie peuvent aussi provoquer de telles réactions : voyage de l'un des parents, arrivée d'un bébé dans la famille. Les nouveaux comportements que l'enfant manifeste alors sont en réaction aux changements qu'il vit et ils s'estomperont avec le temps. Il faut faire preuve de compréhension, rassurer l'enfant et passer du temps avec lui.

« *Mon enfant de 4 ans commence à jouer au soccer[2] en équipe et il a du mal à suivre les règles du jeu.* »

À 4 ans, l'enfant peut aisément suivre des consignes qui comportent plusieurs éléments. Toutefois, assimiler les règles d'un jeu d'équipe et les suivre est une tâche quelque peu au-dessus de ses capacités. En fait, ce n'est que vers 6 ans qu'il saura véritablement participer à des sports d'équipe qui requièrent entre autres d'en comprendre l'objectif, de développer des techniques précises, d'apprendre les stratégies de jeu et d'entrer en compétition avec les adversaires. À 4 ans, il pourra apprendre quelques règles et techniques (comme ne pas toucher le ballon avec les mains, faire le lancer de touche sans lever les pieds), mais il les oubliera rapidement dans le feu de l'action. Si le jeu l'ennuie, il ne serait pas étonnant de le voir cesser toute activité pour... aller cueillir une fleur ou saluer ses parents.

Quand cela est possible, annoncer les changements à venir en mettant l'accent sur l'impact concret qu'ils auront sur l'enfant facilitera son adaptation : « Nous irons visiter ta nouvelle chambre demain et nous verrons ensemble de quelle couleur on pourrait la peindre » ; « Pendant que papa sera en voyage, nous irons au restaurant un soir, toi et moi. »

En bref ··

Dans les exemples qui viennent d'être présentés, il n'y pas de raison de s'inquiéter.

Il s'agit, dans un cas, d'un enfant qui se développe peut-être un peu plus lentement qu'un autre tout en se situant dans la normalité et, dans les autres, d'enfants se comportant et réagissant comme des enfants de leur âge.

Revoir les chapitres précédents et les principes de développement peut vous aider à mieux comprendre votre enfant et son évolution.

Dans d'autres cas, toutefois, il est sage de consulter.

2. Football

Quand est-il utile de consulter ?

Il ne s'agit pas ici d'identifier en détail les différentes situations justifiant une demande de consultation, mais plutôt de donner quelques indices qui peuvent laisser croire à des difficultés de développement.

Absence de réaction de l'enfant

Très jeune, le bébé s'intéresse et réagit à son environnement : objets et personnes, voix. Si ce n'est pas le cas, il serait approprié de consulter.

Aux bruits, aux voix

Si votre bébé de 4 ou 5 mois ne réagit ni aux bruits environnants ni aux voix, qu'il ne tourne pas la tête pour en chercher la source, il serait utile de demander une évaluation de son audition. De même pour l'enfant qui, vers la fin de sa première année, ne réagit pas à l'appel de son nom.

Aux personnes

Si le bébé ne s'intéresse pas aux visages, aux personnes qui l'entourent, s'il ne les regarde pas, s'il ne leur sourit pas, une évaluation serait alors souhaitable. Un tel désintérêt peut compromettre son développement affectif et ses relations aux autres. Si cette absence de réaction concerne aussi les objets et les jouets, une évaluation de la vision de l'enfant pourrait être indiquée.

Écarts dans différents acquis

Nous l'avons dit précédemment, même si l'enfant dépasse l'âge moyen pour une habileté donnée, il n'y a pas lieu de s'inquiéter. Toutefois, si l'enfant présente des lenteurs de développement dans différentes sphères, il faut être plus vigilant.

Ainsi, une évaluation de développement serait requise pour un enfant de 2 ans qui éprouve des difficultés à marcher avec assurance (motricité), qui ne s'intéresse pas à la communication, qui ne semble pas comprendre une consigne simple (langage), qui ne peut faire certains gestes quotidiens tels que tenir une cuillère ou boire seul à la tasse (motricité fine).

Les divers tableaux présentés à la fin des chapitres précédents peuvent vous aider à trouver où se situe votre enfant dans son développement et à estimer la possibilité d'un retard.

Écart important dans une sphère de développement

Tous les enfants ne développent pas les diverses habiletés au même âge. Toutefois, si dans une sphère de développement, l'écart est important (plusieurs mois de décalage), il serait utile de consulter, ne serait-ce que pour vous rassurer.

Sur le plan moteur

Normale chez l'enfant de 2 ans, la maladresse devrait être moins manifeste avec l'expérience. En conséquence, l'enfant de 3 ans ou 3 ans et demi qui présente une maladresse importante, tombant sans cesse, trébuchant sur tout, étant incapable de lancer un ballon sans perdre l'équilibre, déchirant le papier tellement il appuie fort sur le crayon quand il dessine, mériterait d'être évalué.

Sur le plan du langage

S'il est impossible de comprendre le langage d'un enfant de 3 ans pour toute autre personne que les membres de sa famille, une évaluation en orthophonie serait utile. Un retard de langage a un impact sur le développement social de l'enfant, qui sera moins apprécié comme partenaire de jeu. Cela peut entraîner des difficultés lors de l'entrée à l'école.

Sur le plan social

Il serait aussi indiqué de consulter si l'enfant de 3 ans persiste à mordre ses partenaires de jeux, à leur tirer les cheveux, à les frapper et à exploser fréquemment de colère (comme peut le faire l'enfant de 2 ans). À cause de ce comportement antisocial, cet enfant aura du mal à se faire des amis.

Sur le plan affectif

L'enfant qui présente soudainement des comportements qui avaient cessé depuis quelque temps (vouloir à nouveau boire au biberon, faire dans sa culotte, faire de fréquents cauchemars, des crises de colère...) et ce, sans cause apparente, mériterait aussi d'être évalué pour comprendre ce nouveau comportement et, surtout, la cause de ce changement. Il sera alors plus facile de l'aider.

En bref

En tout temps, quand l'inquiétude vous ronge, parlez-en à votre pédiatre lors d'une visite médicale. Il saura soit vous rassurer, soit vous diriger vers les professionnels appropriés.

CONCLUSION

Si jamais tu me demandes
Jusqu'où je t'aime
Et si, quand tu seras grande,
On s'aimera quand même.
S'il fallait que je te dise
Tout mon amour
Même en ouvrant les bras
Ça ne suffirait pas.
Moi, mon amour pour toi,
Je crois bien qu'il va
Jusqu'au bout du monde et de la mer,
Et du soleil et jusqu'au bout des étoiles,
Au-delà du fond des galaxies
Dans l'infini de l'univers sidéral.

Yves Duteil

Comme tout être humain, un enfant est un être complexe. Son développement l'est tout autant. Toutefois, si l'enfant se retrouve dans un environnement chaleureux et rassurant, si ses besoins de base sont satisfaits, il se développe tout naturellement comme s'il savait quoi faire et quand le faire. L'adulte a alors le plaisir de le regarder avancer et de l'accompagner dans cette aventure.

Dans la vie quotidienne, l'enfant apporte à ses parents de l'émerveillement, du bonheur et de la gaieté, mais aussi des doutes, des questionnements et, à l'occasion, des irritations. Contrairement à ce que laissent croire certaines chansons, la vie avec un enfant n'est pas toujours rose. Cependant, elle est toujours dynamique, remplie d'imprévus, de grandes satisfactions et de quelques déceptions.

Le «métier» de parents n'est pas simple. Il existe des sessions de préparation au mariage pour apprendre à vivre à deux, mais il n'en existe pas pour apprendre à vivre en famille. Il n'existe pas non plus de période de probation ou de carte de compétence pour assumer la tâche de parents. On devient parent quand l'enfant naît, mais c'est au jour le jour qu'on développe cette compétence. Chaque fois que l'enfant franchit une nouvelle étape, il trace en même temps la voie pour faire évoluer ses parents dans leur rôle ; ceux-ci apprennent successivement à être parents d'un bébé, puis d'un jeune marcheur et d'un enfant de plus en plus autonome. Bientôt, ils deviennent parents d'un écolier.

Plusieurs parents s'inquiètent et se remettent facilement en question. Comme les parents d'aujourd'hui ont moins qu'auparavant l'expérience des jeunes enfants, comme il existe un grand nombre de livres qui privilégient des méthodes éducatives spécifiques mais parfois divergentes, et comme les institutions (écoles, garderies et centres de la petite enfance) portent rapidement un jugement sur la qualité de l'éducation familiale, il n'est pas étonnant que certains parents soient anxieux face à leur tâche parentale et qu'ils se questionnent sur leur façon de faire.

Par ailleurs, comme la plupart des parents ne veulent qu'un enfant ou deux, l'anxiété de bien réussir leur tâche parentale est encore plus grande. Ils ne peuvent pas se permettre de manquer leur coup.

Et si vous décidiez de laisser votre sens commun guider votre façon d'agir, si vous vous faisiez confiance en vous fiant à votre jugement ? Le contenu de cet ouvrage vous a permis de vous rendre compte, du moins nous l'espérons, de l'ensemble des prouesses que fait votre enfant au jour le jour et tout au long de ses premières années de vie, tout autant que de l'importance de votre rôle à ses côtés.

Connaissant les étapes de développement que votre enfant traverse et tenant compte de ses caractéristiques personnelles, vous êtes maintenant en mesure d'estimer ce qui est le mieux pour lui, pour vous et pour votre famille. C'est vous qui connaissez le mieux votre enfant, vous êtes donc les personnes les mieux placées pour décider de ce qui lui convient. Des suggestions proposées dans cet ouvrage, ne retenez que celles qui ont du sens pour vous et ne les mettez en pratique que si vous en avez envie. Aucune activité qu'on s'impose n'a le même effet qu'une activité faite dans le plaisir.

Cet ouvrage vous a aussi convié à redécouvrir l'enfance à travers les yeux de votre enfant, à voir les choses de son point de vue. Si vous avez atteint cet objectif, il vous sera plus facile de vous lier à votre enfant, de comprendre certaines de ses réactions, de lui offrir des expériences à sa mesure et d'avoir, nous vous le souhaitons, beaucoup de plaisir à assumer votre rôle parental.

En bref

Les principales règles d'or pour les parents

› N'ayez pas peur de tomber follement amoureux de votre enfant.

› N'hésitez pas à aller quotidiennement, avec lui, à « la pêche aux bisous et à la chasse aux câlins[1] ».

› Donnez-lui la chance de vivre pleinement son enfance.

› Donnez-vous l'occasion de profiter du moment présent avec lui : l'enfance est une étape de vie merveilleuse qui passe si rapidement !

› Apprenez à avoir du plaisir à être parents...

---

1. Chanson *Ma chambre* de Jean-Pierre Ferland.

Vous découvrirez qu'un enfant, et particulièrement le vôtre, est vraiment la huitième merveille du monde.

Ici s'achève ce qui concernait les parents. Vous pouvez maintenant refermer ce livre puisque ce qui suit s'adresse à votre enfant[2].

Quelques conseils pour aider tes parents

› Sois patient envers tes parents : ils ont peut-être oublié ce que c'est que d'être un enfant.

› Fais-leur redécouvrir la beauté du monde à travers tes yeux : ils ont vu plus de choses que toi, mais ils passent parfois à côté de l'essentiel.

› Aide-les à vivre le moment présent et à apprécier chaque minute qui passe : ils ont bien du mal à ne pas toujours penser à demain, à plus tard.

› Aime-les et rassure-les : ils ont besoin de savoir que tu es bien avec eux et qu'ils sont de bons parents.

› *Et sois heureux dans ta famille !*

---

2. Le tableau synthèse des sphères de développement peut être consulté et téléchargé à l'adresse Internet suivante : http://www.editions-chu-sainte-justine. org/media/livre/document/114_developpement_tableaux.pdf

Ressources

Quelques ressources sur le web pour les parents de jeunes enfants

Encyclopédie sur le développement des jeunes enfants
www.enfant-encyclopedie.com/fr-ca/accueil.html

Cette encyclopédie publiée sur Internet par le Centre d'excellence sur le développement des jeunes enfants (CEDJE) est accessible gratuitement. Elle couvre des thèmes traitant du développement de l'enfant, de la conception à cinq ans, et présente les connaissances scientifiques les plus récentes. [Consulté le 23 juillet 2014].

Familles d'aujourd'hui
www.famillesdaujourdhui.com

Nombreux articles et plusieurs chroniques régulières sur différents aspects de la vie quotidienne avec les enfants. [Consulté le 23 juillet 2014].

Guide Info-Famille
CHU Sainte-Justine – Centre d'information sur la santé de l'enfant
www.chu-sainte-justine.org/cise

Ce guide informe et éclaire les parents et leurs familles en fournissant des ressources précieuses pour les petits et grands problèmes que rencontrent leurs enfants et leurs adolescents. Annoté et classé par thèmes, il contient les coordonnées de plus de 385 organismes d'aide pour les parents, 1 750 suggestions de lecture pour les parents, les enfants et les ados ainsi qu'environ 700 liens vers des sites web spécialement conçus pour eux. [Consulté le 23 juillet 2014].

La Ligne Parents
Téléphone sans frais — 1-800-361-5085
http://ligneparents.com/

Les intervenants professionnels de la Ligne Parents offrent du soutien téléphonique à tous les parents d'enfants de 0 à 20 ans du Québec, 24 heures par jour, 7 jours par semaine. Le service est gratuit, confidentiel et anonyme. Le site web offre un contenu de qualité permettant aux parents de trouver une information adaptée à leurs besoins, ainsi qu'à l'âge de leurs enfants. La page Facebook permet d'accéder à une information plus ponctuelle liée aux réalités des parents (facebook.com/ligneparents). [Consulté le 23 juillet 2014].

Mieux vivre avec notre enfant de la grossesse à deux ans
Guide pratique pour les mères et les pères
Institut national de santé publique du Québec
www.inspq.qc.ca/MieuxVivre

La bible de tous les parents québécois enfin disponible en version intégrale sur Internet. En effet, la version française et anglaise de ce livre qui est remis gratuitement à toutes les mères qui accouchent au Québec est dorénavant disponible en format PDF sur le web. [Consulté le 23 juillet 2014].

Naître et grandir
Fondation Lucie et André Chagnon
http://naitreetgrandir.com/fr/

Site de référence pour les parents et les futurs parents : grossesse, développement de l'enfant de 0 à 5 ans, comportement, alimentation et santé. [Consulté le 23 juillet 2014].

Soins de nos enfants
Société canadienne de pédiatrie
www.soinsdenosenfants.cps.ca

Ce site est élaboré par la Société canadienne de pédiatrie et est conçu pour fournir de l'information pertinente aux parents au sujet de la santé et du bien-être de leur jeune enfant. [Consulté le 23 juillet 2014].

Références bibliographiques

Imprimés

BEE, H. et D. BOYD. *Les âges de la vie*, 3ᵉ édition. Montréal : Éditions du Renouveau pédagogique, 2008.

BENOIT, D. « Attachment and Parent-Infant Relationships — A Review of Attachment Theory and Research ». Ontario Association of Children's Aid Societies Journal 2000 (44) : 13-22.

BETTELHEIM, B. *Pour être des parents acceptables.* Paris : Hachette Littérature, 1998.

BRAZELTON, T. B. *Ce dont tout enfant a besoin.* Paris : Marabout, 2001.

BRAZELTON, T. B. *La naissance d'une famille ou comment se tissent les liens.* Paris : Éditions du Seuil, 2009.

GEORGE, G. *Ces enfants malades du stress.* Paris : Éditions Anne Carrière, 2002.

GIBSON, E. J. et R. D. Walk. « The Visual Child ». *Scientific American*, 202 (2) : 67-71, 1960.

GIROLAMETTO, L. *Bébé communique déjà – pas à pas ensemble.* Toronto : Hospital for Sick Children - Hanen Centre, 1991.

HARTUP, W. « The Company They Keep: Friendships and Their Developmental Significance ». *Child Development* (67) : 1-13, 1996.

JACQUES, M. et R. DESLANDES. *Recherche sur l'entrée en maternelle menée en 2001-2002.* Centre de recherche et d'intervention sur la réussite scolaire (CRIRES).

Laporte, D. *Être parent, une affaire de cœur*. Montréal : Éditions de l'Hôpital Sainte-Justine, 1999.

Lipnowski, S. et C.M.A. LeBlanc. « Healthy Active Living : Physical Activity Guidelines for Children and Adolescents ». *Paediatr Child Health* 17(2):209-210, 2012.

Lupien, S. « Le stress chez les enfants et les parents : parle-t-on de la même chose ? », *Mammouth Magazine*, 1, 6-8, 2006.

Lupien, S. « Le stress ne discrimine pas l'enfant de son parent ». *Mammouth Magazine* 1, 17, 2006.

Mistry, K.B., C.S. Minkovitz *et al.* « Children's Television Exposure and Behavioral and Social Outcomes at 5.5 Years; Does Time of Exposure Matter ? » *Pediatrics*, 120, 4:762-769, 2007.

Paquette, D. et C. Dumont. « Is father-child rough-and-tumble play associated with attachment or activation relationships ? ». *Early Child Development and Care*, 183(6), 2013, pp.760-773.

Paquette, D. « La relation père-enfant et l'ouverture au monde ». *Enfance*, 56(2), 2004, pp. 205-225.

Piaget, J. *La construction du réel chez l'enfant*. Neuchâtel : Delachaux et Niestlé, 1977.

Thomas, A. et S. Chess. *Temperament and Development*. New York : Brunner/Mazel, 1977.

Willatts, P. « Development of Problem-Solving in Infancy ». In A. Slater and G. Bremner (Eds) *Infant Development*. Hove, England: L. Erlbaum, 1989.

Internet

Fraser Mustard, J. *Développement du cerveau dans la petite enfance et développement humain*. www.enfant-encyclopedie.com/pages/PDF/MustardFRxp.pdf [Consulté le 20 mai 2014].

www.aqcpe.com/wp-content/uploads/2013/02/Une-réponse-adaptée-aux-besoins-des-4-ans-Avis_Fév-2013_FINAL-Public1.pdf [Consulté le 20 mai 2014].

« L'écoute de la télévision au-delà des limites recommandées compromet les chances des enfants au préscolaire ».
www.nouvelles.umontreal.ca/recherche/sciences-de-leducation/20130812-lecoute-de-la-television-au-dela-des-limites-recommandees-compromet-les-chances-des-enfants-au-prescolaire.html, publié le 12 août 2013. [Consulté le 20 mai 2014].

BIGRAS, N. et L., LEMAY. « Petite enfance, services de garde éducatifs et développement des enfants. États des connaissances », 2002.
www.rcpeqc.org/files/file/BigrasLemay_Atelier.pdf [consulté le 20 mai 2014].

www.babycenter.ca/ [Consulté le 20 mai 2014].

www.csep.ca/francais/view.asp?x=804 [Consulté le 20 mai 2014].

www.lesgauchers.com/gauchers-16-de-gauchers_11_334.html, novembre 2005 [Consulté le 23 novembre 2013].

www.lesgauchers.com/gauchers-top-100-des-gauchers-celebres_62_1026.html [Consulté le 11 novembre 2013].

PLANTE, S. L'ABC de la parole et les trucs des pros.
www.aepq.ca/wp-content/uploads/2011/04/l_abc_de_la_parole_et_les_trucs_des_pros.pdf [Consulté le 20 mai 2014].

http://hjunier.wordpress.com/2012/06/03/miroir-photo-video-quand-lenfant-sy-reconnait-il/[Consulté le 12 janvier 2014].

www.memoireetvie.com/medias/3ans.htm [Consulté le 5 novembre 2013].

http://erpi.com/elm/2281.4710943827736790452.pdf [Consulté le 13 septembre 2013].

www.definitions-de-psychologie.com/fr/definition/animisme.html

UNIVERSITÉ DE WASHINGTON. « *Two-thirds Of School-age Children Have An Imaginary Companion By Age 7* », 6 décembre 2004.
www.sciencedaily.com/releases/2004/12/041206193849.htm [Consulté le 20 mai 2014].

P. PLUSQUELLEC. «Le père, un "mâle nécessaire" pour apprendre aux enfants à réguler leurs comportements». Mammouth magazine, 3-4, juin 2011.
www.stresshumain.ca/ [Consulté le 20 mai 2014].

www.kidsmentalhealth.ca/documents/Res_KnowledgeCentre_Beh_ Fr_B_W.pdf [Consulté le 20 mai 2014].

www.acsm-ca.qc.ca/assets/stress-chez-enfants.pdf [Consulté le 20 mai 2014].

http://naitreetgrandir.com/fr/mauxenfants/securite/fiche. aspx?doc=bassinette-lit [Consulté le 13 décembre 2013].

MARQUIS

Québec, Canada

RECYCLÉ
Papier fait à partir
de matériaux recyclés
FSC® C103567

Imprimé sur du papier Enviro 100% postconsommation
traité sans chlore, accrédité ÉcoLogo et fait à partir de biogaz.